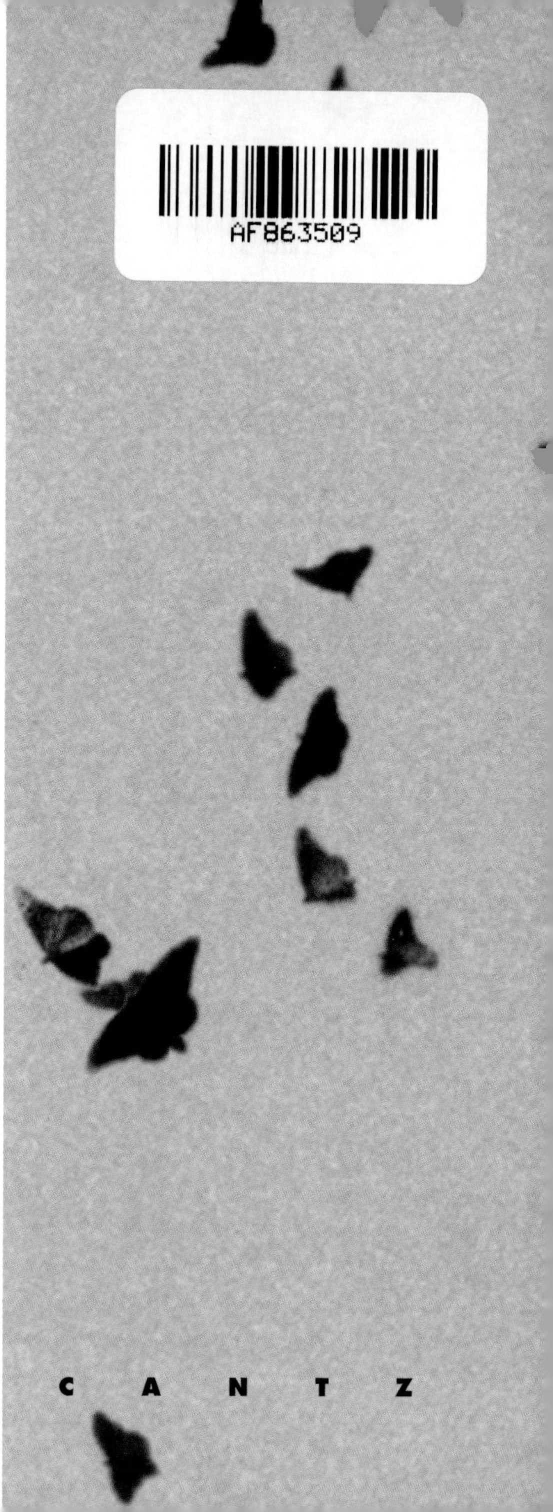

AF863509

REIHE CANTZ

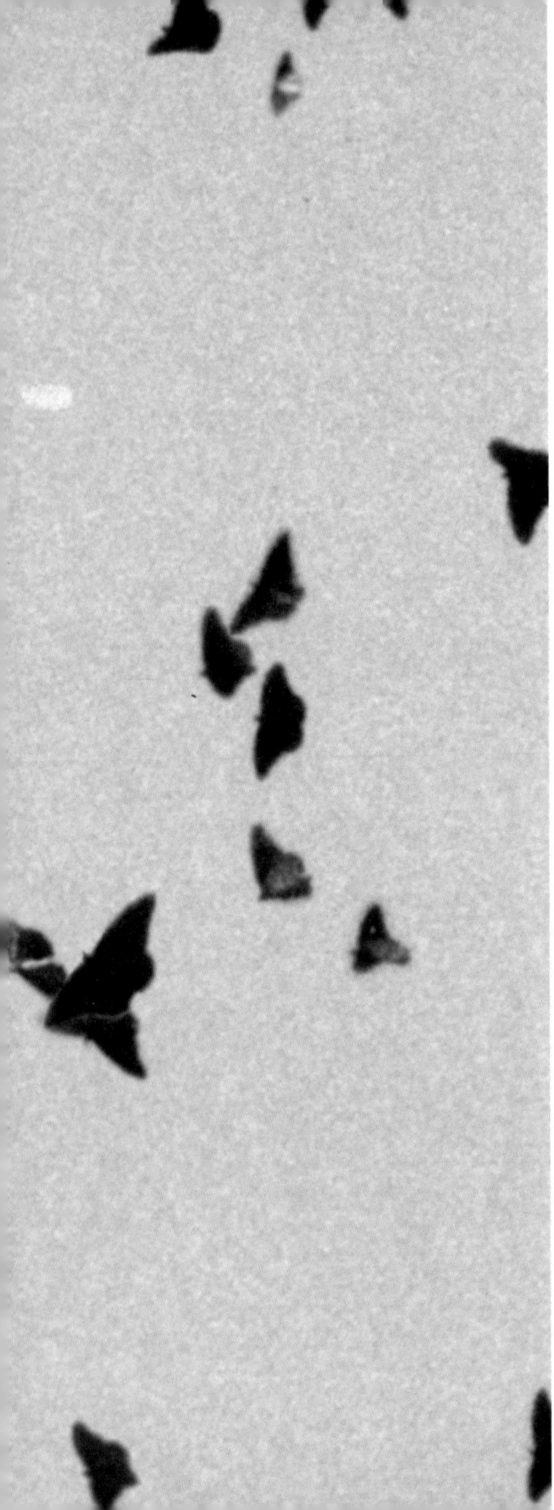

CHRISTOPH RIHS

ERRATATANZT!

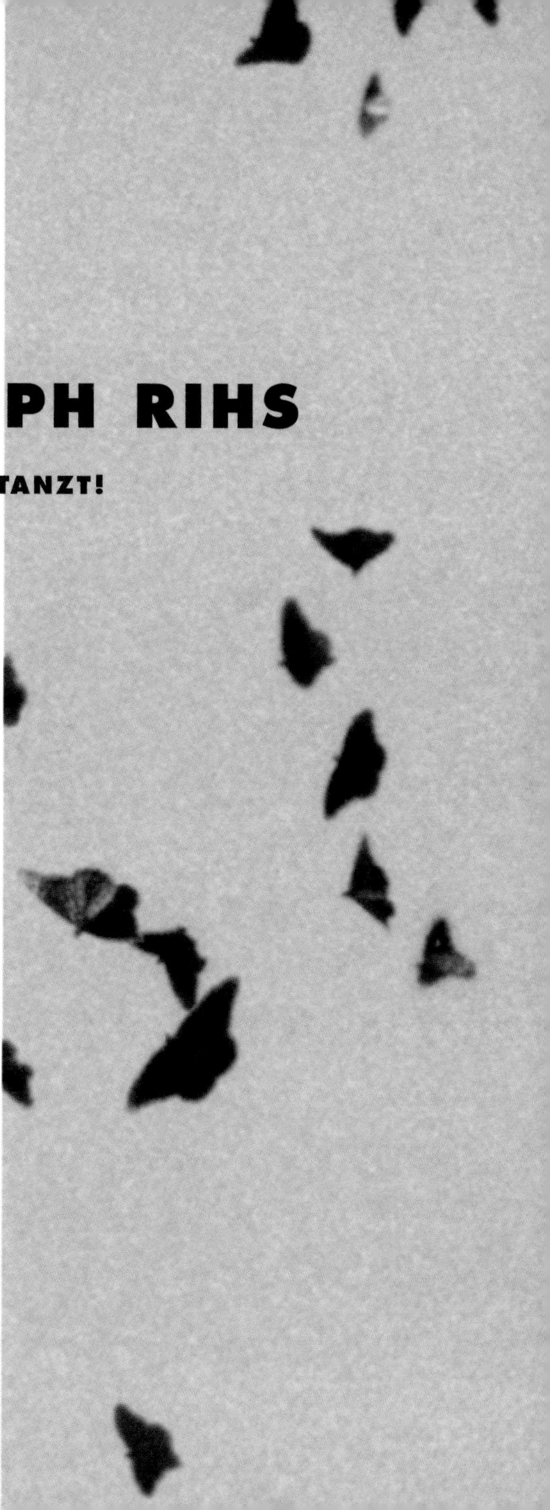

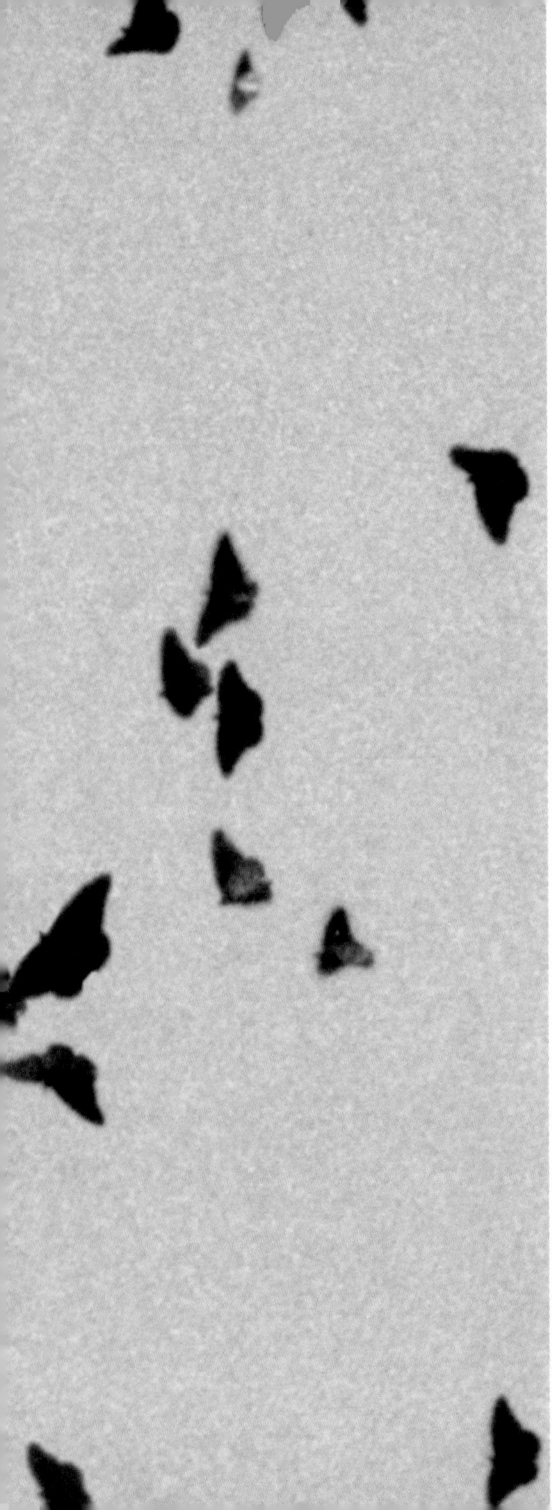

CHRISTOPH RIHS: MAKING THINGS DANCE

Can we ever believe what we see? Do our memories always tell us the truth? Can we know for sure that historians are always right? Is not everything we know about the history of a city and its people superficial, not to say wanting? Are not the facts we manage to scrape together differently significant at different times?

Christoph Rihs poses questions while at the same time conceding the likelihood of error. Indeed, many of the historical facts on which his installation is based are represented differently in different social contexts. Take, for example, the historical fact of the founding of the Hitler Youth in the "Haus Stadt Weimar" in this very city. If one considers the things the artist relates to its historical walls, one might easily assume that the Hitler Youth was founded as early as the twenties. The fleeting images of fluttering butterflies, in constant motion during projection times, allude at once to freedom and independence and to another historical place, a place of mass extermination: Majdanek concentration camp. Fleet-footed allusions indeed, for without the leads provided

CHRISTOPH RIHS: DIE DINGE ZUM TANZEN BRINGEN

Können wir unseren Augen trauen? Sagt uns unsere Erinnerung die Wahrheit? Können wir dem Wissen glauben, das uns die Erforschung der Geschichte bringt? Ist nicht alles flüchtig, was wir wissen über die Geschichte der Menschen und einer Stadt, nicht all das zu unterschiedlichen Zeiten unterschiedlich bedeutsam, was wir an Fakten erarbeiten können?

Christoph Rihs stellt Fragen, räumt zugleich die Möglichkeit von Irrtümern ein. Mag sein, dass manches von dem an historischen Fakten, auf dem seine Installation fußt, sich nicht nur in dessen Darstellung in verschiedenen Gesellschaftssystemen verändert, wie etwa die historische Wahrheit über die Gründung der Hitler-Jugend im historischen »Haus Stadt Weimar«, in dieser Stadt. Von Gewicht scheint das zu sein angesichts dessen, was der Künstler in Beziehung zu dem historischen Gemäuer setzt, in dem diese Gründung für die 20er Jahre vermutet wird. Die flüchtigen Bilder fliegender Schmetterlinge, sich bewegend in der Zeit der Projektion, mit einer Anspielung auf die Freiheit und Ungebundenheit dieser Wesen und

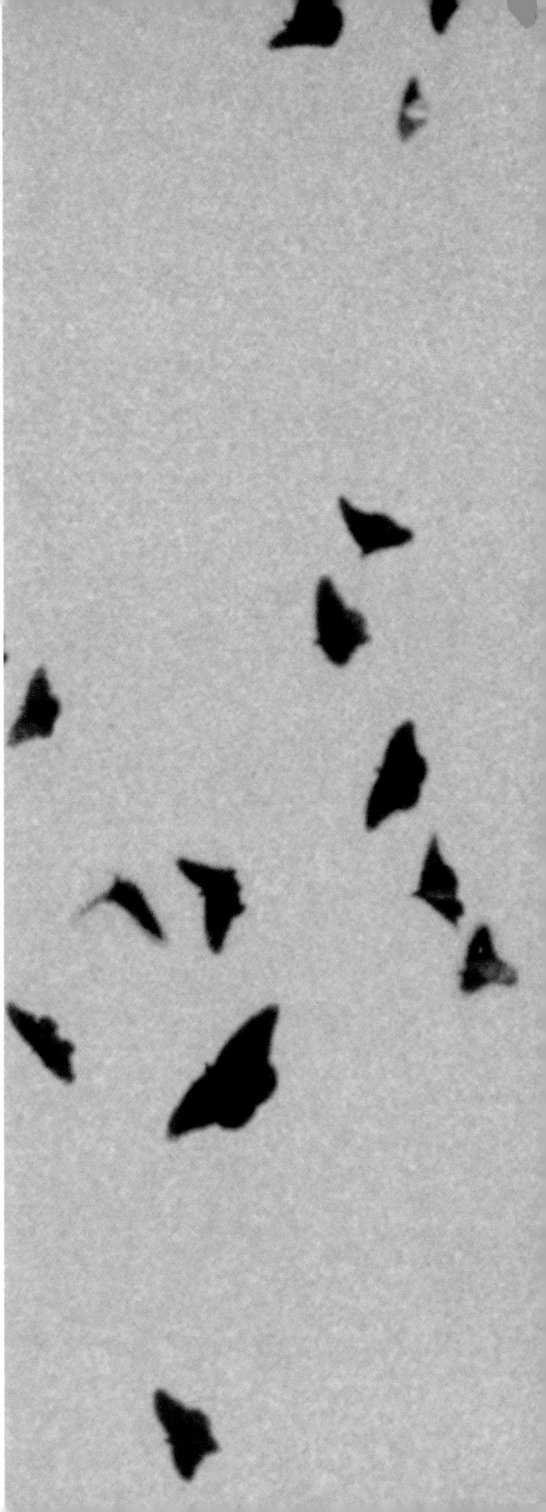

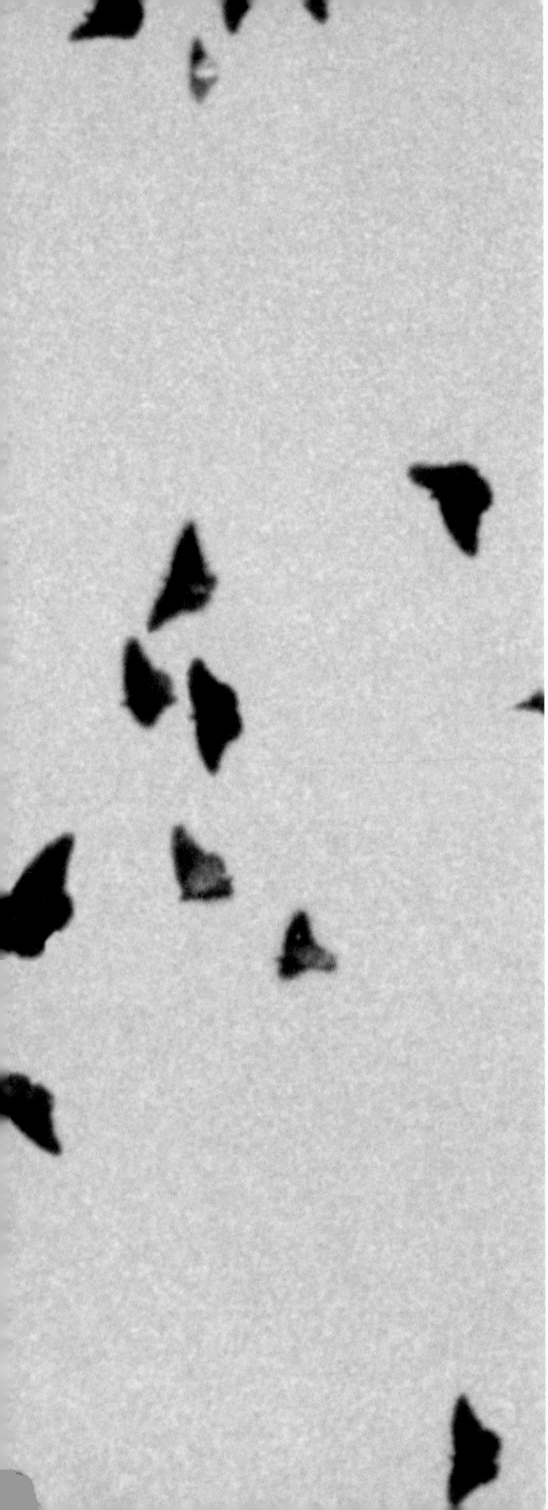

by the artist, or by literature, they would hardly seem logical or convincing if we had to rely purely on our own powers of observation.

Making things dance, and thereby looking behind the scenes, breaking through the backdrops of historical references and bringing them into the present, but at the same time not refusing to look back into a past which, for all of us, is still very much the present. This is what Christoph Rihs sets out to do in his "Errata". The presence of this work in the city of Weimar is an allusion to the never-ending compulsion to come to terms, again and again, with historical images and with the facts we know to be true. All the same, Rihs' work neither pushes itself into the foreground nor makes any demands. On the contrary, it remains within the historical context of the city, withdrawing into the evening and the night, for only then do the flying and fluttering images become visible. This is a work that wants to be discovered, like the history of this place.

Ulrich Krempel

zugleich dem Verweis auf einen anderen historischen Ort, dem der Vernichtung im Konzentrationslager Majdanek: leichtfüßige Verweise sind dies, die uns ohne die Hinweise des Künstlers und der Literatur aus eigener Ansicht kaum schlüssig erscheinen würden.

Die Dinge zum Tanzen zu bringen, um hinter die Fassaden schauen zu können, die historischen Folien der Verweise in die Vergangenheit zu brechen und sie in die Gegenwart zu holen, dabei aber nicht die Blicke in eine uns allen noch präsente Vergangenheit zu verweigern, das ist das Unternehmen von Christoph Rihs in »Errata«. Die Präsenz dieser Arbeit im Stadtbild von Weimar verweist auf den dauerhaften Zwang, sich historischen Bildern und den uns bewussten Sachverhalten immer neu stellen zu müssen. Dabei tritt das Werk von Rihs nicht fordernd in den Vordergrund, es bleibt im historischen Kontext der Stadt, zieht sich zurück in den Abend und die Nacht, in denen erst die Bilder des Fliegens und des flüchtigen Flügelns sichtbar werden. Diese Arbeit will entdeckt werden wie die Geschichte des Ortes.

Ulrich Krempel

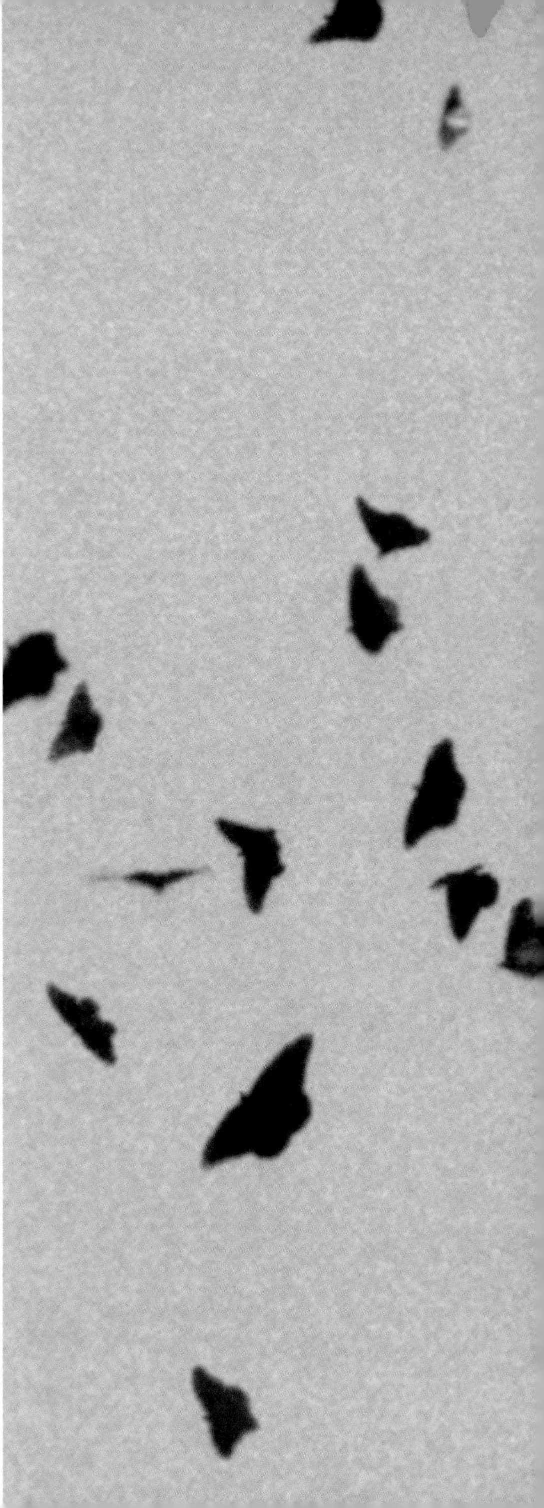

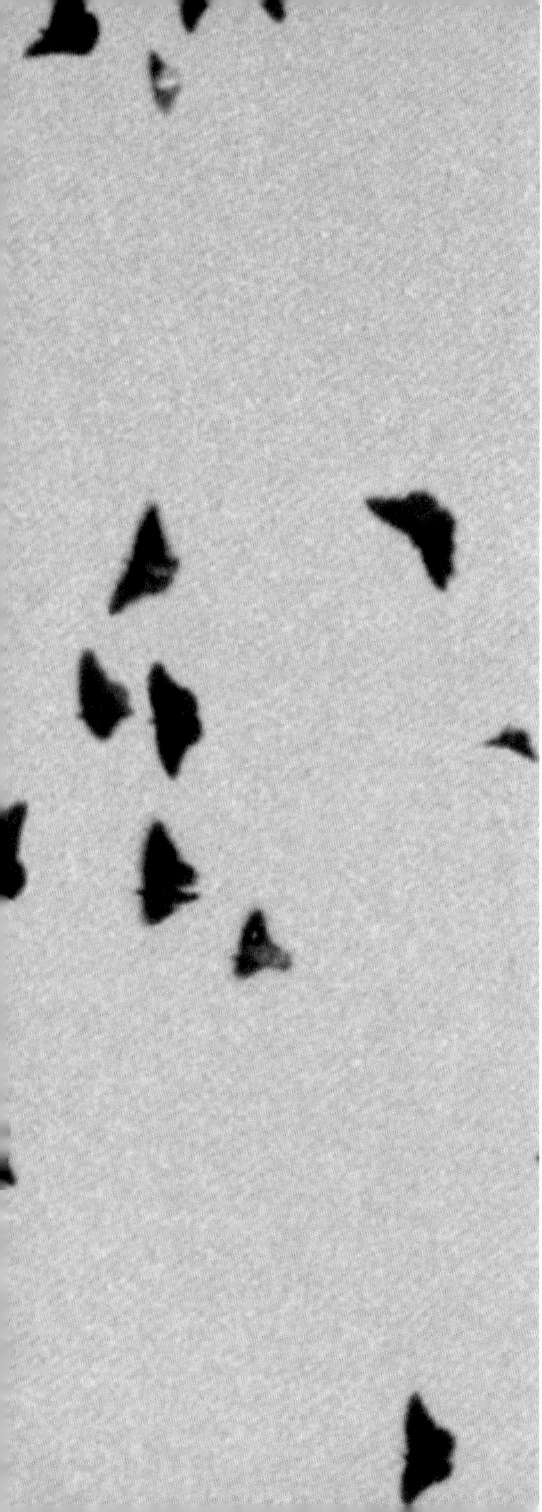

TRANSITORINESS AND SORROW

An installation in Weimar
by Christoph Rihs

During the summer of 1999, it's possible that the nocturnal flâneur in Weimar will be intrigued by an inconspicuous illumination on the outer wall of a house. In a street bordering the inner city, projections are made well above eye-level (that is, out of reach) which cover

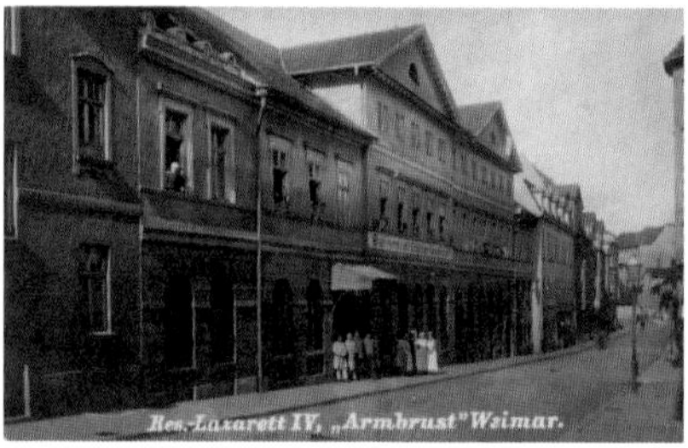

approximately two thirds of a rather (for Weimar) stately facade. The zone of changing images created originates from three pairs of adjacent projectors that cast their images in a certain rhythm from the office windows of a house across the way. On the surface of the projection band, butterflies appearing as silhouette-like apparitions can be seen taking flight. Each of the images is static, yet the temporal-spatial shift suggests movement, similar to films in which only the rapid change of still

FLÜCHTIGKEIT UND TRAUER

Eine Installation von Christoph Rihs
im Stadtraum Weimar

Möglicherweise wird im Sommer 1999 der nächtliche Flaneur in Weimar durch eine unaufdringliche Lichterscheinung an einer Hauswand irritiert werden. In einer Straße am Rande der Innenstadt gibt es gut über der Augenhöhe, das heißt dem Greifraum entrückt und etwa zwei Drittel einer (für Weimar) eher stattlichen Fassade einbeziehend, eine Zone, auf die wechselnde Bilder projiziert werden. Sie stammen aus drei Projektorpaaren, die nebeneinander angeordnet aus Bürofenstern des gegenüberliegenden Hauses in einem gewissen Rhythmus ihre Bilder werfen. Zu sehen sind auffliegende Schmetterlinge, die sich auf der bandartigen Projektionsfläche als silhouettenhafte Lichterscheinungen abzeichnen. Zwar handelt es sich um jeweils stehende Bilder, doch wird durch ihre zeit-räumliche Verschiebung ein Bewegungseindruck suggeriert, ähnlich wie beim Film nur der rasche Wechsel stehender Bilder in uns wegen der Überforderung der Wahrnehmung einen Bewegungseindruck induziert. Die Folge von Projektionen an der Hauswand erinnert daher an die Anfänge der kine-

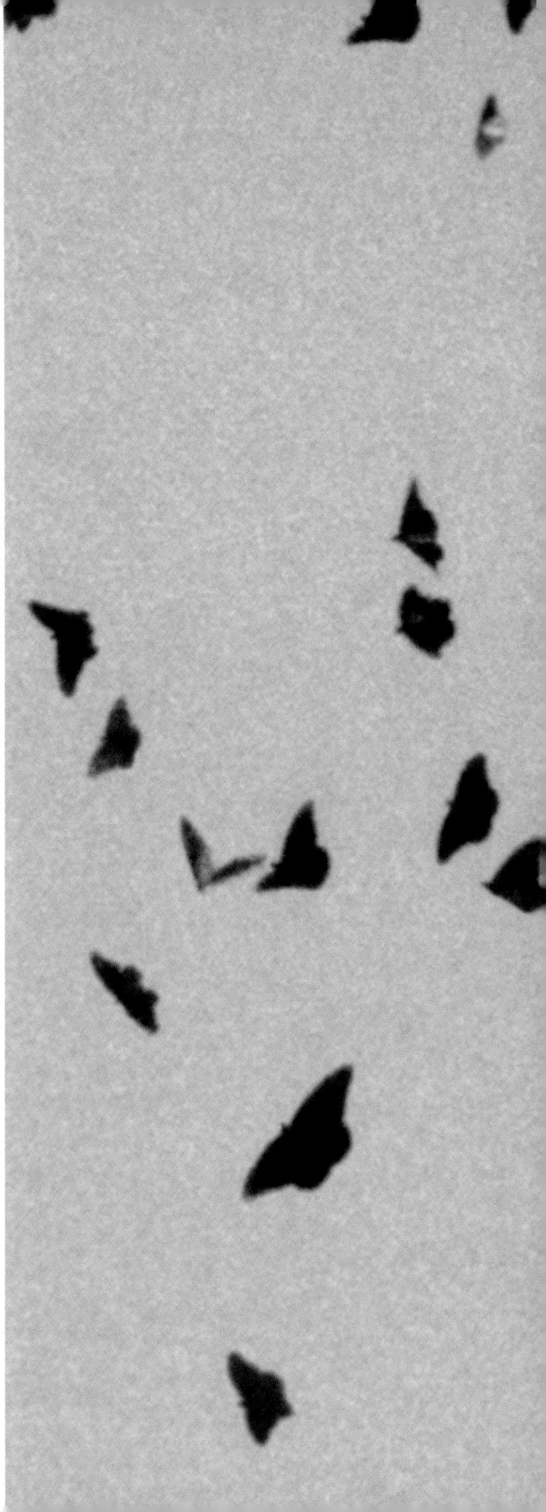

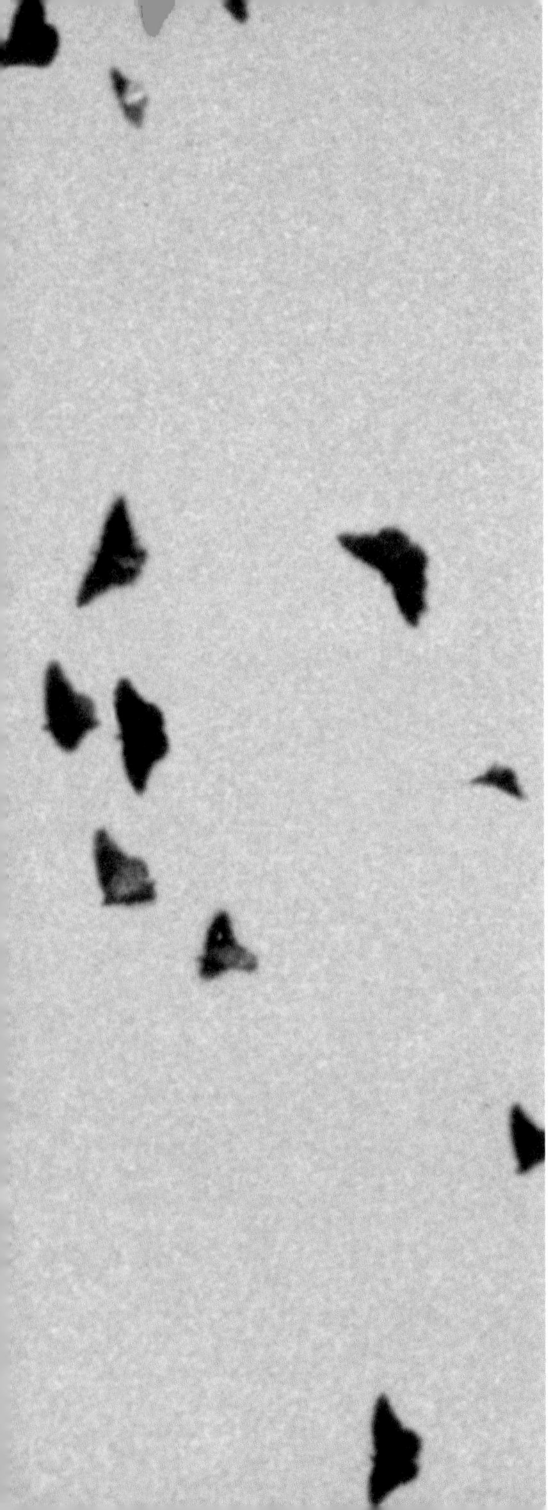

images induces a perceptual impression of motion. With their jerky, fidgety movements, the sequence of projections on the house thus recalls the beginnings of cinematographic technique. In this case, it is particularly appropriate since this type of movement also recalls the peculiar, desultory, that is to say, "butterfly-like", erratic way these creatures fly about.

Not only the renunciation of color, but the silhouette-like character of the chosen images give rise to associations of old methods of casting images such as laterna magica or transparent paintings. The classicism of Goethe's time demonstrated a fascination for the fixation of shadows which presumed to catch sight of the beginnings of art. Behind that was, after all, the honorable conception from Plato's cave where the idea of the casted shadow leads to a discussion about appearance and reality. Thoughts of delusion, of a world beyond the certainty of our perception, of virtuality, the perpetual sphere of ideas, death and the beyond are therefore related, especially since many cultures believe that winged beings like butterflies act as mediators between the here and hereafter. The ancient Greeks referred to Psyche's butterfly wings, and Christianity interpreted this to be a representation matographischen Technik mit ihren ruckartigen, zappeligen Bewegungen, die in diesem Fall aber gleichzeitig die eigentümlich desultorische, d. h. »schmetterlingshafte«, erratische Flugweise von Schmetterlingen heraufzubeschwören geeignet ist.

Nicht nur wegen des Verzichts auf Farbe, sondern auch wegen des an Schattenrisse gemahnenden Charakters der gewählten Projektionen werden darüber hinaus Assoziationen an alte bildwerfende Verfahren geweckt, etwa an die laterna magica oder an Transparentgemälde. Der Klassizismus der Goethezeit hatte sich fasziniert gezeigt von der Fixierung der Schatten und darin die Anfänge der Kunst zu erblicken vermeint. Dahinter steht nicht zuletzt die altehrwürdige Vorstellung von Platons Höhle, in der die Idee des Schattenwurfs mit einer Diskussion von Schein und Wirklichkeit zusammengeführt ist. Die Gedanken an Sinnentrug, an eine Welt jenseits der Gewissheiten unserer Wahrnehmung, an Virtualität, den ewigen Bereich der Ideen, Tod und Jenseits liegen daher nicht fern, zumal geflügelte Wesen wie Schmetterlinge in vielen Kulturen als Mittler zwischen Diesseits und Jenseits fungieren. Für den altgriechischen Kulturkreis sei auf die Darstellung der Psyche mit ihren

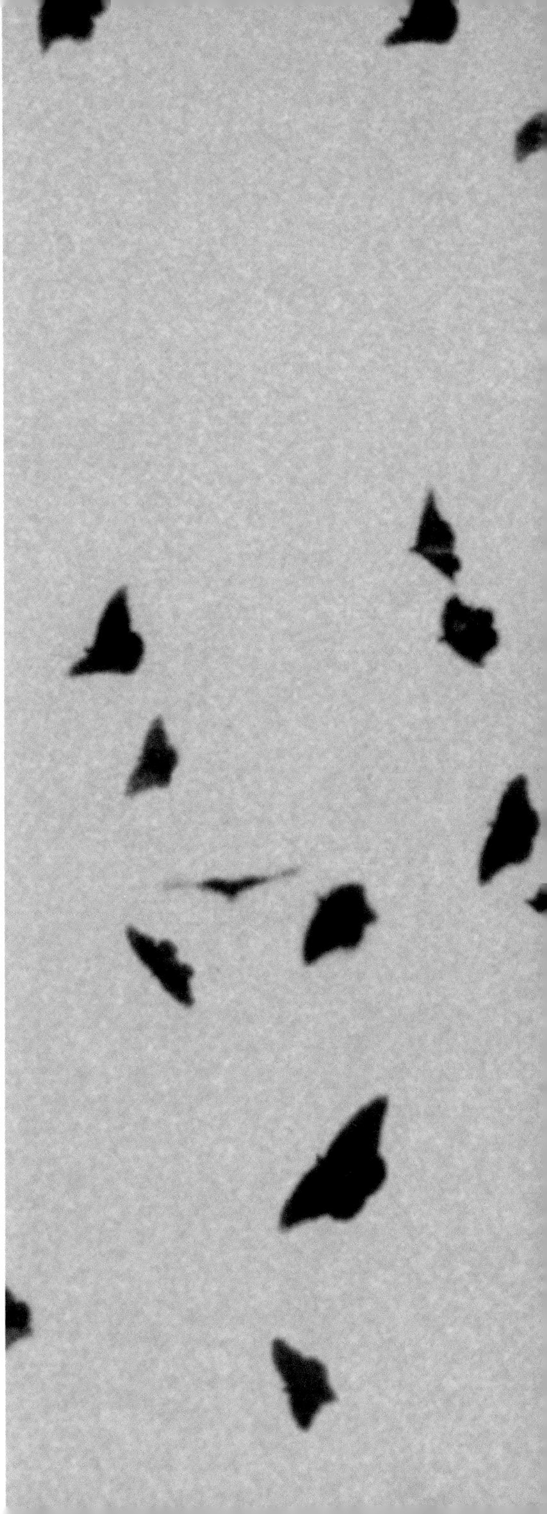

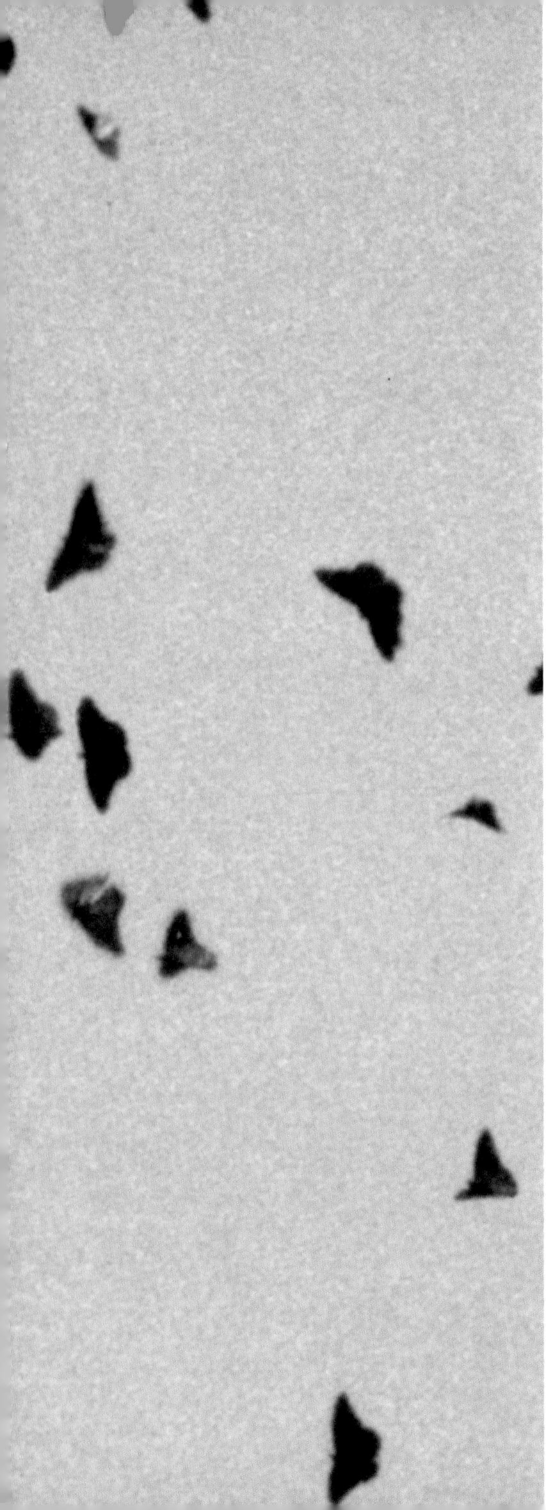

of the incorporeal soul. Non-tactile, impalpable and ephemeral means of representation like immaterial light, non-fixable reflection, and trompe l'oeil are therefore especially appropriate

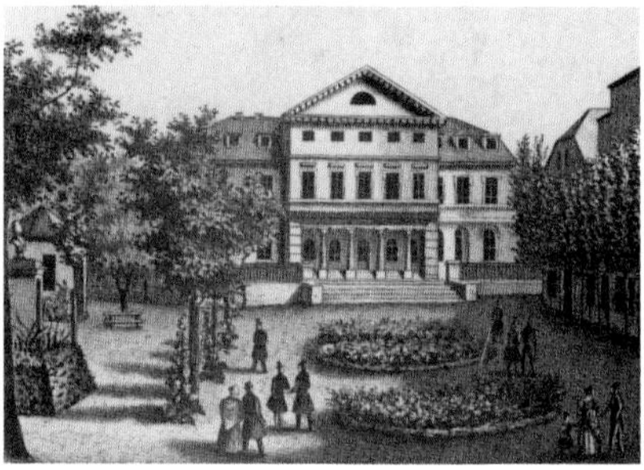

for the representation of an au-delà world that lies "behind" appearances.

Fitting this context, the invention of photography and film was rooted, among other things, in efforts to capture shadows. The development of the so-called sciagraphy of the Enlightenment period offers an example. In looking back on such relationships, Roland Barthes called death the eidos of photography. It should be mentioned here that the facade of the house at Schützengasse 14, which provides the "screen" or projection field for Christoph Rihs' installation, originates from the Classicist Clemens Wenzeslaus Coudray who was esteemed by Goethe. The house, known as the "Haus Stadt Weimar", was also a cinema that is

Schmetterlingsflügeln verwiesen, was das Christentum mit der Vorstellung der unkörperlichen Seele zu verschmelzen verstand. Den Tastsinn ausklammernde unfassbare, ungreifbare und ephemere Darstellungsmittel wie das unkörperliche Licht, das nicht zu fixierende Spiegelbild, der trompe l'oeil oder Augentrug, sind daher für die Darstellung einer »hinter« den Erscheinungen liegenden Welt des au-delà besonders geeignet.

Dass die Erfindung der Fotografie und des Films eine ihrer Wurzeln im Bemühen um das Festhalten von Schatten hat, wofür die Entwicklung der sogenannten Sciagraphie zur Zeit der Aufklärung ein Beispiel bietet, passt in diesen Zusammenhang. Roland Barthes hat im Rückblick auf solche Zusammenhänge den Tod als das Eidos der Fotografie benannt. Hier sei darauf verwiesen, dass das Haus in der Schützengasse 14, das sogenannte »Haus Stadt Weimar«, das gewissermaßen den Schirm oder Projektionsleinwand für die Installation von Christoph Rihs bildet, sowohl eine Fassade des von Goethe geschätzten Klassizisten Clemens Wenzeslaus Coudray aufweist, als auch als Ort für Kinovorführungen diente, bzw. nach dem gegenwärtig stattfindenden Umbau wieder dienen wird. Zwischen den nekrophilen Tendenzen

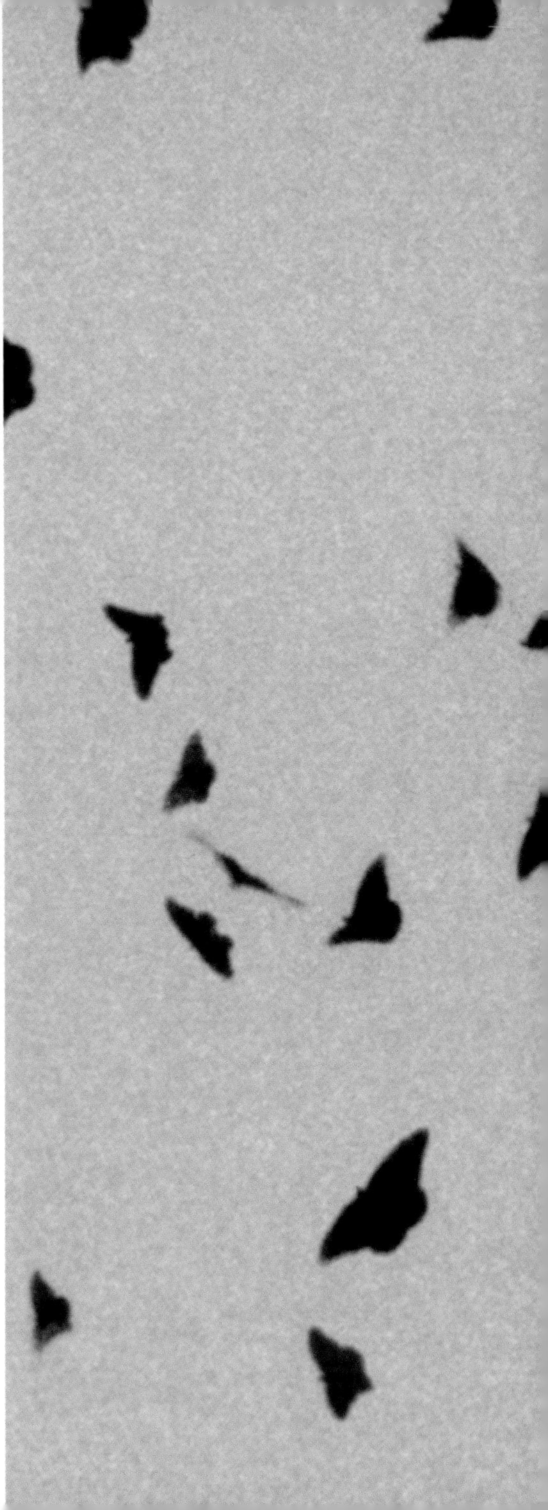

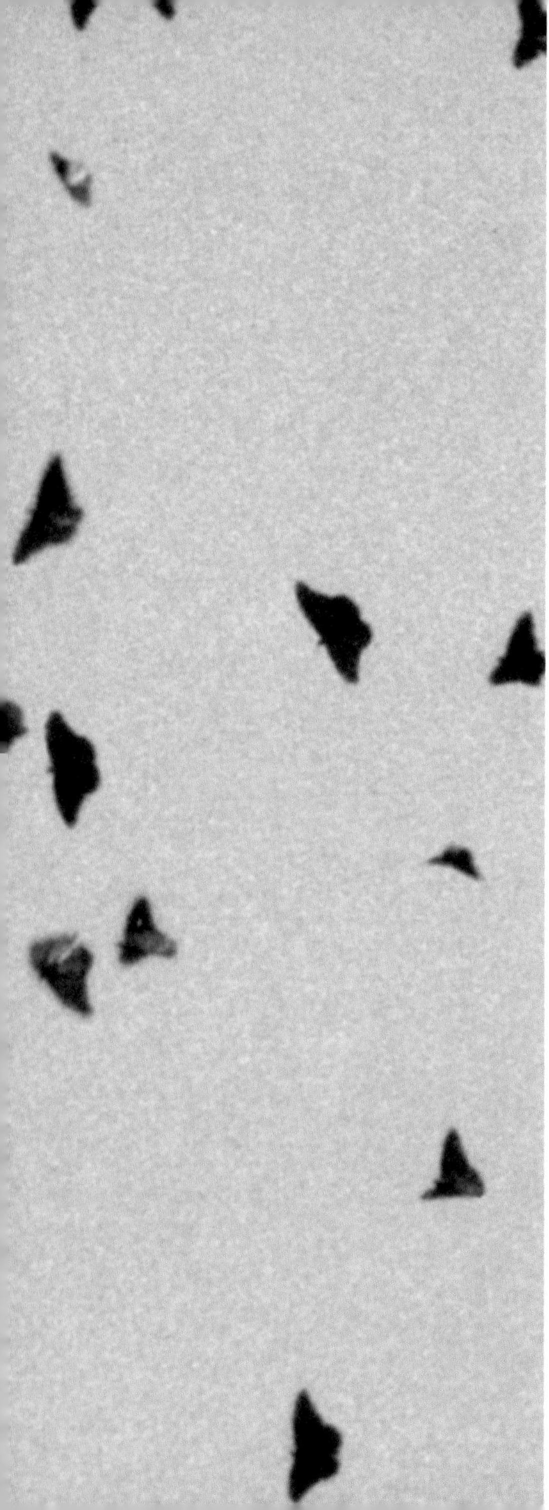

currently being renovated and will be opening again for this same purpose in the future. There thus exists here a concrete, material relationship between Classicism's necrophilic tendencies and the illusion machine of film.

Meanwhile, antiquated technical media are particularly suitable for evoking presentations related to death. In order to summon a feeling for something remembered, dream sequences, or hallucinations, black and white photography or other "alienating" obsolete means are employed. As mentioned, Christoph Rihs' chosen technique using twitchy image changes creates more of a sensation of movement than actual motion, and this likewise approaches fleeting phenomena. The discussion in the 1920s regarding film as well as the rise of neon advertising in the big cities is likewise anachronistic today.
If Christoph Rihs' restrained installation latches onto that, it is not without conjuring a certain nostalgia for the atmosphere of the Twenties, again as a sign of the irrevocable past, the non-recurring.

Butterflies serve as mediators, as beings that, like Psyche, belong to the here and the beyond, able to move freely des Klassizismus und der Illusionsmaschine des Films besteht hier also ein konkreter, materiell gegebener Zusammenhang. Inzwischen sind von der Eignung, Todesvorstellungen zu evozieren, auch alte, veraltete technische Medien betroffen. Um Erinnertes, Traumsequenzen oder onirische Halluzinationen kenntlich zu machen, bedient man sich gern Schwarz-Weiss-Aufnahmen oder anderer Verfremdungen durch obsolete Mittel. Wie erwähnt, wird durch die von Christoph Rihs gewählte Technik des ruckenden Bildwechsels eher die Empfindung von Bewegung ausgelöst und nicht so sehr reale Bewegung wiedergegeben, was sie gleichfalls in die Nähe flüchtiger Phänomene rückt. Der Diskussion der zwanziger Jahre um die Lichtspiele sowie dem Aufkommen der Leuchtreklame in den Metropolen haftet heute gleichfalls ein anachronistischer Zug an. Wenn die verhaltene Installation von Christoph Rihs daran anknüpft, so beschwört sie nicht ohne eine gewisse Nostalgie die Atmosphäre der zwanziger Jahre herauf, aber unter dem Zeichen des unwiderruflich Vergangenen, so nicht Wiederkehrenden.

Schmetterlinge dienen als Mittler, als Wesen, die wie die Psyche sowohl dem Diesseits als auch dem Jenseits angehören

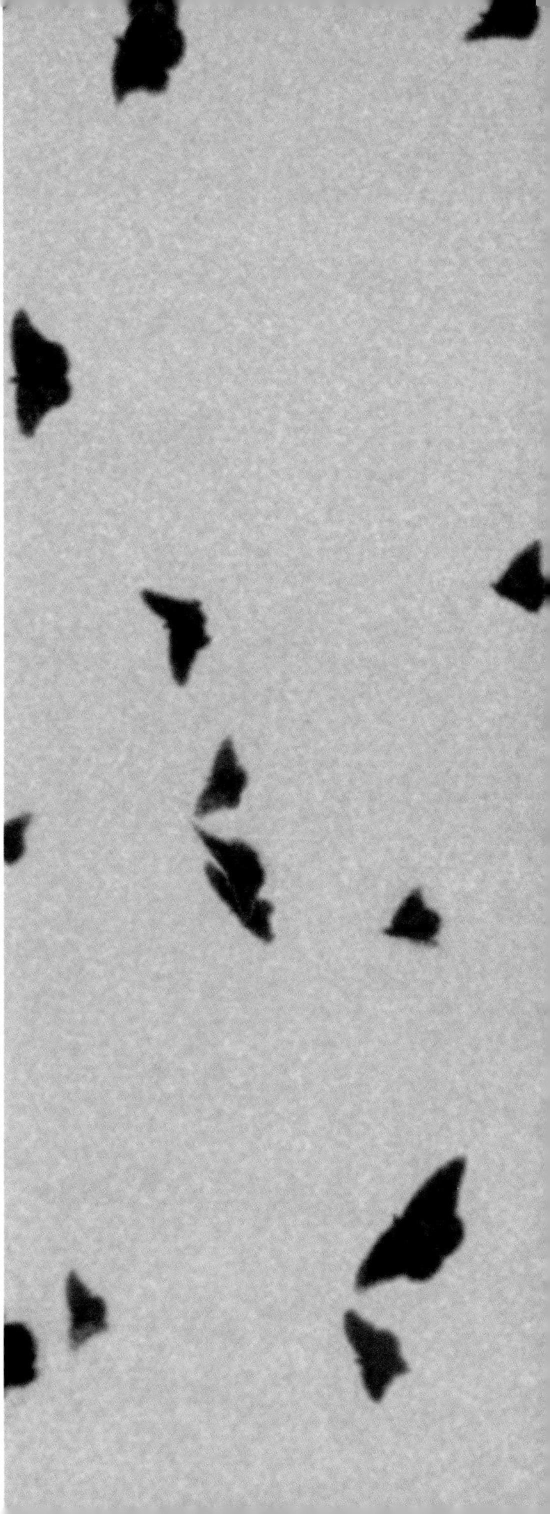

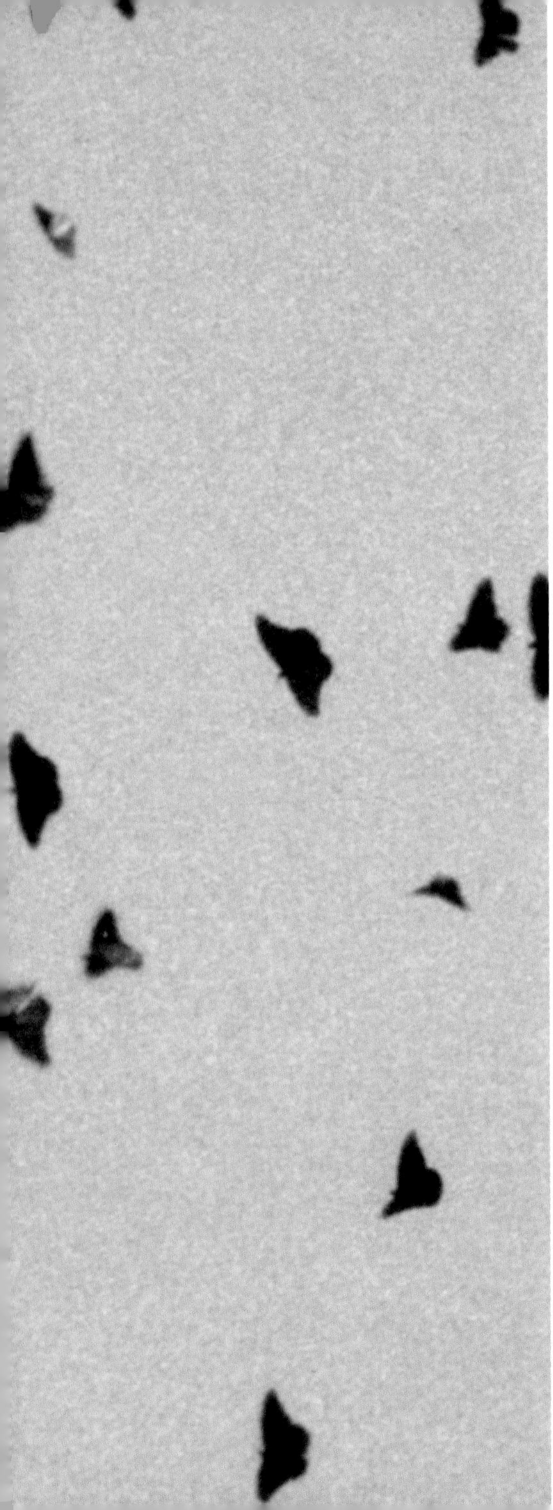

between both spheres. The motif of the metamorphosis, that of the unbelievable evolution of an awkward caterpillar living in concealment into a light, airy being, has captured the imagination of almost every culture and has provided a basis for the comforting ideas of reincarnation and rebirth. In the installation here, the butterflies make their appearance not individually, but in swarms, evoking thoughts of The Last Judgment or the Holocaust or the anonymity of death in general. Christoph Rihs witnessed such a spectacle of nature, the departure and flight of swarms of butterflies. His own photographs of this show how the butterflies become silhouettes against the sky, literally darkening it. The treated negatives of these photographs make up the material of his installation. This reversal, as well as the nocturnal situation in an area of evening entertainment, invoke associations of moths or moths hovering around light. The unclarity of the silhouettes intensifies the ambivalent character of the chosen motif.

The incomprehensibility of the butterfly's flight has aroused the imagination through the ages, giving plausibility to the frequent references to play and to a child's world, and to the seemingly limitlessness of nature. Today's chaos und sich frei zwischen beiden Bereichen bewegen können. Das Motiv der Metamorphose, dass aus einer im Verborgenen lebenden ungelenken Raupe unfassbarerweise ein luftiges, leicht bewegtes Lichtwesen wird, hat die Phantasie fast aller Kulturkreise beflügelt und tröstenden Vorstellungen der Metempsychose, der Seelenwanderung und Wiedergeburt einen Anhaltspunkt gegeben. Bei der hier gegebenen Installation treten die Schmetterlinge nicht individualisiert auf, sondern als Schwarm, was an Vorstellungen wie Jüngstes Gericht oder Holocaust und allgemein an die Anonymität des Todes denken lässt. Christoph Rihs war Zeuge des Naturschauspiels eines Aufbruchs und Flugs von Schmetterlingsschwärmen und hat eigene Aufnahmen davon gemacht, wie diese sich gegen den Himmel abzeichnen und ihn buchstäblich verdunkeln. Die fototechnisch bearbeiteten Negative dieser Fotos bilden das Material seiner Installation. Diese Umkehrung ebenso wie die nächtliche Situation in einer der abendlichen Freizeitunterhaltung dienenden Umgebung lassen Motive wie den Nachtfalter oder das Umschwärmen der Motten des Lichts assoziieren. Dass unscharfe Silhouetten verwendet werden, verstärkt noch den ambivalenten Charakter des gewählten Motivs.

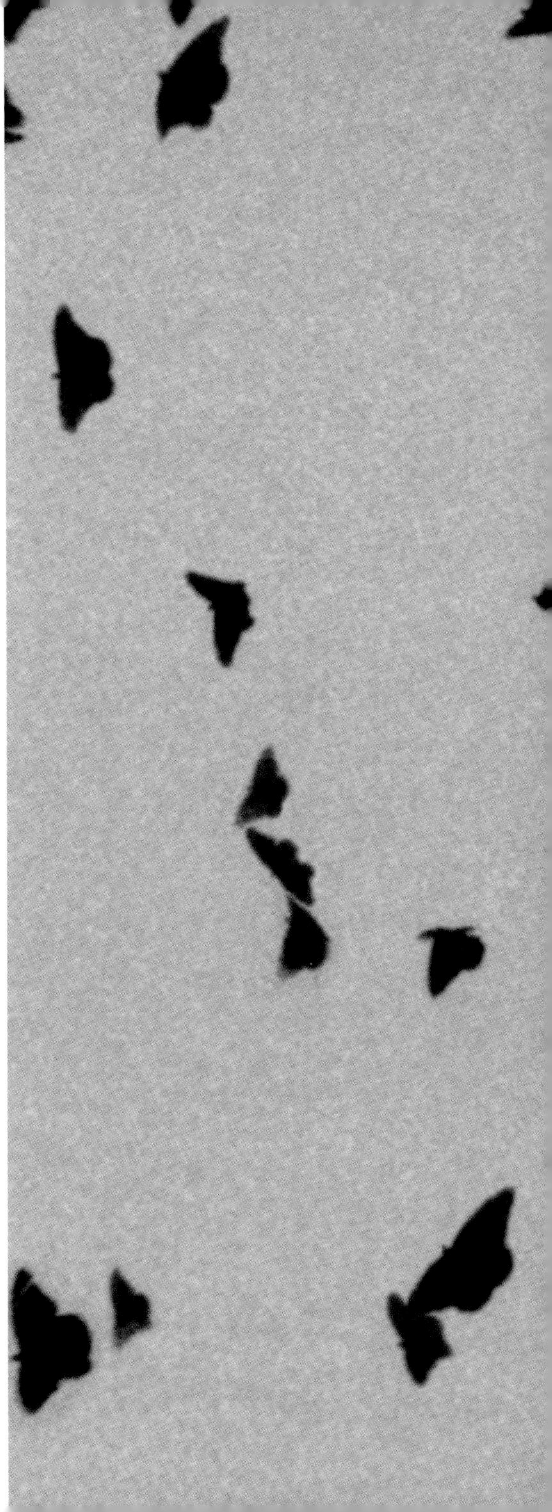

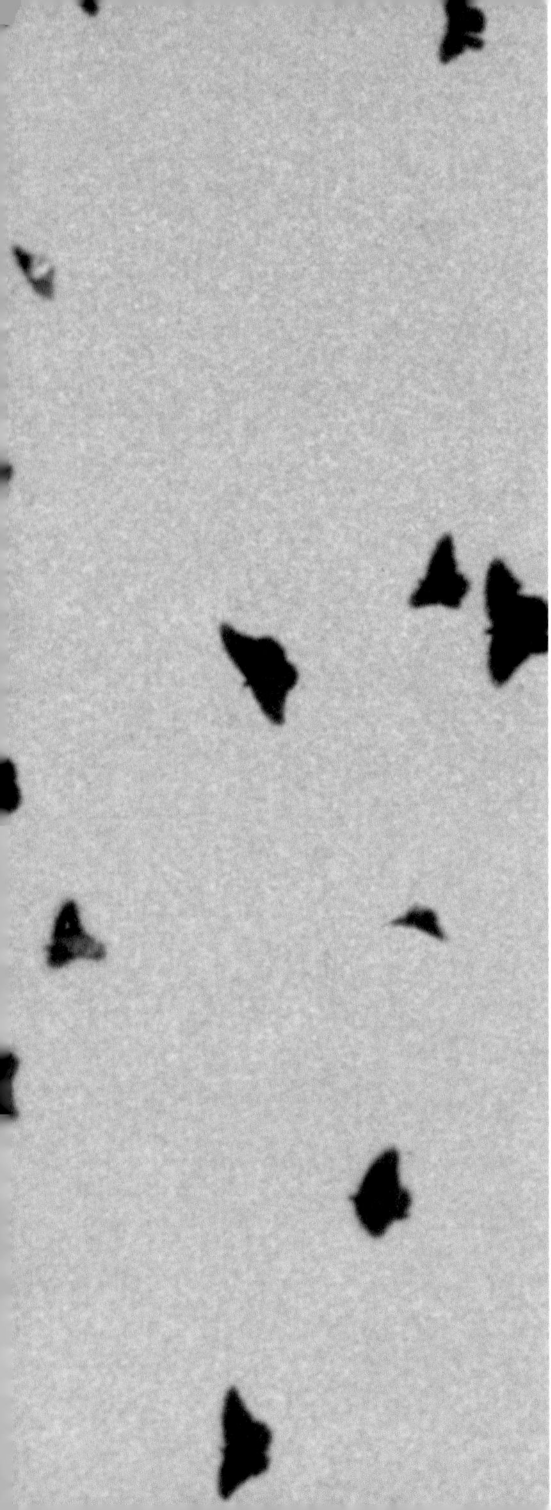

research also takes refuge in this metaphor in order to express contemporary ideas of fundamental unpredictability. If a flapping of wings could determine whether the whirlwind motion of a storm is coming or not, the human quest for predictabilty and control through rules, laws and the invariables of nature, seems to be an idle diversion. There is also a certain connection to Mexican culture in that the swarm of butterflies that Christoph Rihs observed was on its way to its winter quarters in Mexico. There, a nocturnal god of vegetation called Xochipilli, who is the counterpart of the sun god which rules during the daytime, is worshipped. Butterflies are among his attributes. One of his manifestations is the dancing spark in fire.

The butterfly's association with the child-like, the carefree and the incalculable, as well as its spring-like lightness and colorfulness, leads in this case, however, to a further shocking layer of meaning. According to Elisabeth Kübler-Ross, butterflies were to be found as wall decorations at the concentration camp at Majdanek, no doubt in those very rooms in which children had to anticipate their annihilation. Whether or not the image of the butterfly as a symbol of death was considered when

Die Unfassbarkeit des Schmetterlingsflugs hat zu allen Zeiten die Phantasie angeregt und lässt den häufig gegebenen Bezug zu Spiel und kindlicher Welt, aber auch zur Unerschöpflichkeit der Natur plausibel erscheinen. Auch die heutige Chaosforschung nimmt gern zu dieser Metapher Zuflucht, um zeitgenössische Vorstellungen der prinzipiellen Unvoraussagbarkeit auszudrücken. Wenn ein Flügelschlag darüber entscheiden kann, ob es zu der Wirbelbewegung eines Sturms kommt oder nicht, so erscheint die menschliche Suche nach Regeln, Gesetzen und Invarianten in der Natur, um sie vorhersehbar und beherrschbar zu machen, als müßiger Zeitvertreib. Es besteht auch eine gewisse Verbindung zur mexikanischen Kultur – der von Christoph Rihs beobachtete Schmetterlingsschwarm war auf dem Weg zu seinem Winterquartier in Mexiko –, wo ein nächtlicher Gott der Vegetation mit Namen Xochipilli verehrt wird, der den Gegenpol zum den Tag regierenden Sonnengott bildet. Schmetterlinge gehören zu seinen Attributen. Eine seiner Manifestationen ist der tanzende Funke im Feuer.

Die Assoziation an Kindhaftes, Unbeschwertes, wie sie die Unberechenbarkeit des Schmetterlings nahelegt, wie

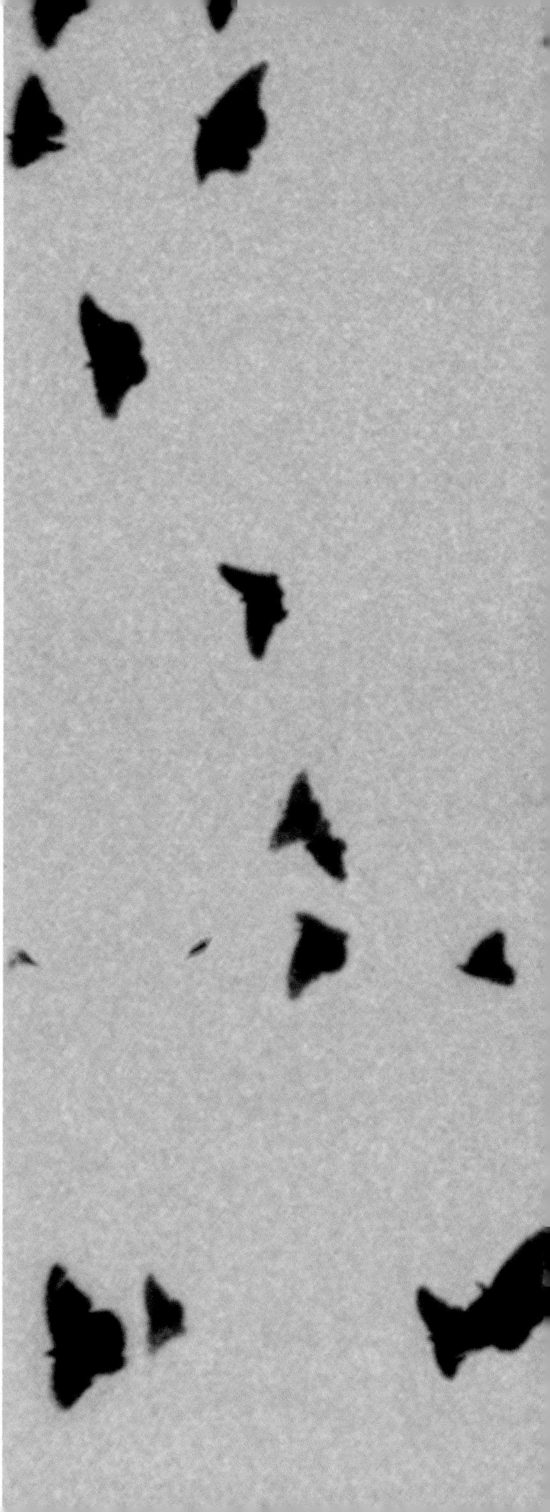

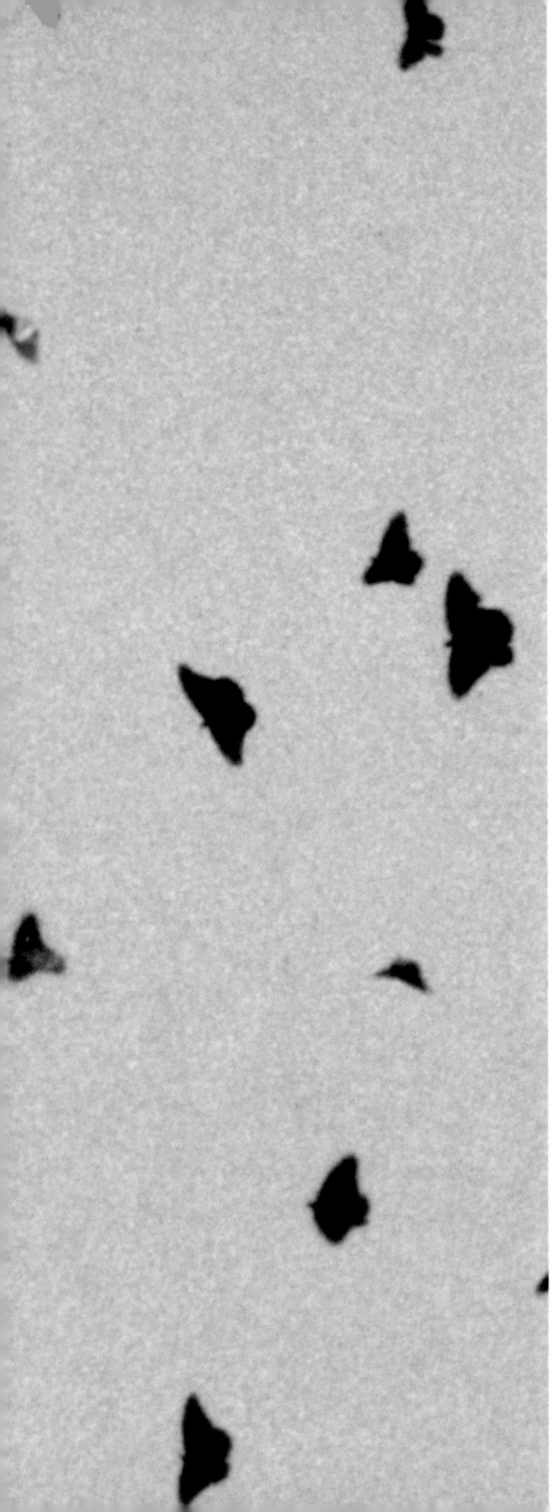

these paintings were executed is something that can no longer be ascertained today, but a reminiscence, even if unconscious, can nonetheless be presupposed. The dimension of meaning that the reference to Majdanek imports

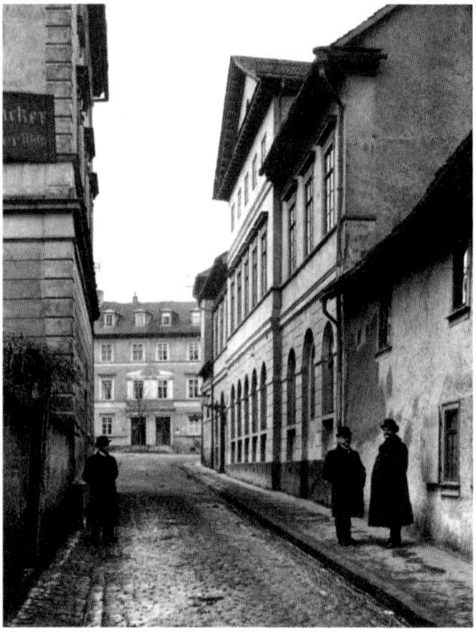

cannot, however, be inferred by an unprepared passer-by who encounters Christoph Rihs' work in Weimar. But this dimension is in no way arbitrary, being crucial to fully understanding the artist's intentions. The location of the installation, the present-day "Haus Stadt Weimar" is, namely, loaded with history. On July 3rd and 4th 1926, in the home of the "Armbrustschützengesellschaft" (Crossbow Archery Club), as it was then known (and to which auch seine frühlingshafte Leichtigkeit und Buntheit, führt in unserem Fall allerdings zu einer weiteren, erschütternden Bedeutungsschicht. So fanden sich, wie Elisabeth Kübler-Ross berichtet, Schmetterlinge im Konzentrationslager Majdanek als Wandschmuck, und zwar in den Räumen, in denen Kinder ihrer Vernichtung entgegengehen mussten. Ob bei der Anlage dieser Malereien die mit dem Bild des Schmetterlings verbundene Todessymbolik eine Rolle gespielt hat, kann heute nicht mehr geklärt werden, doch ist eine, wenn auch unbewusste, Reminiszenz zu vermuten. Die durch den Hinweis auf Majdanek sich eröffnende Bedeutungsdimension kann jedoch der Arbeit von Christoph Rihs von einem Passanten, der ihr in Weimar unvorbereitet begegnet, nicht entnommen werden. Sie ist dennoch gewollt, keineswegs willkürlich und sogar für das Verständnis der Intentionen des Künstlers zentral. Der Ort der Installation, das nunmehrige »Haus Stadt Weimar« nämlich, ist geschichtlich belastet. Am 3. und 4. Juli 1926 fand dort, das heißt dem damaligen Schieß- und Gesellschaftshaus der »Armbrustschützengesellschaft«, von dem die Schützengasse ihren Namen bezieht, der Gründungsakt der Hitlerjugend statt. Wie bekannt, stammt auch der nachmalige »Reichsjugendführer« Baldur von

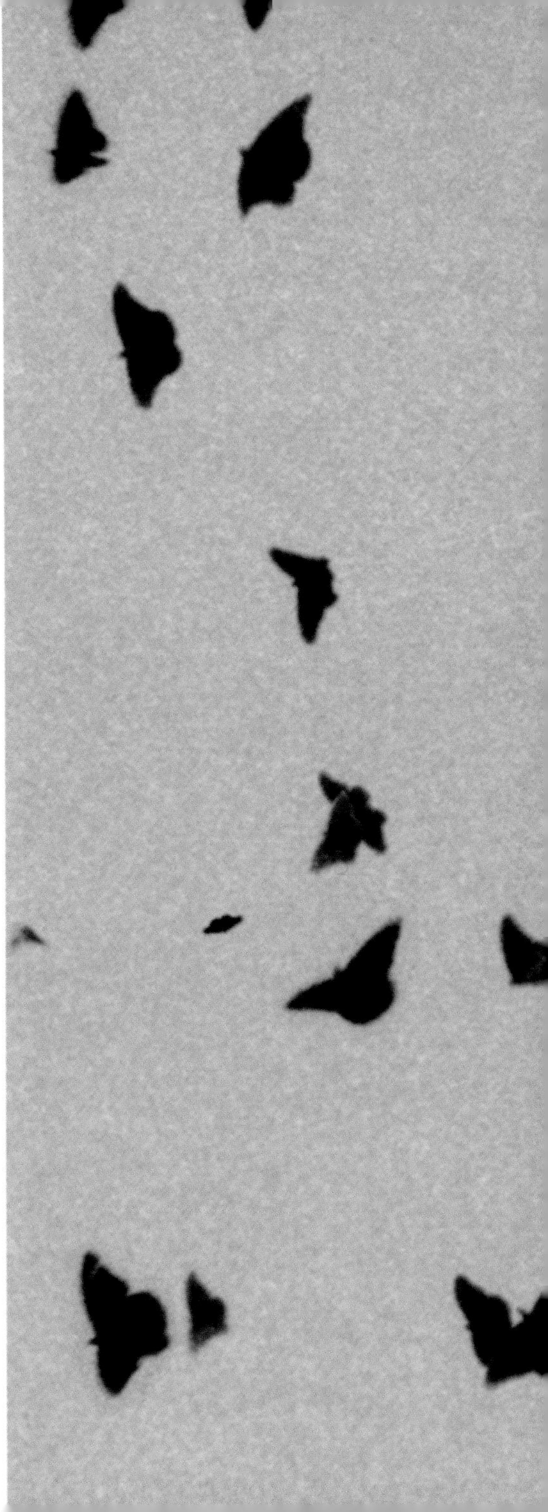

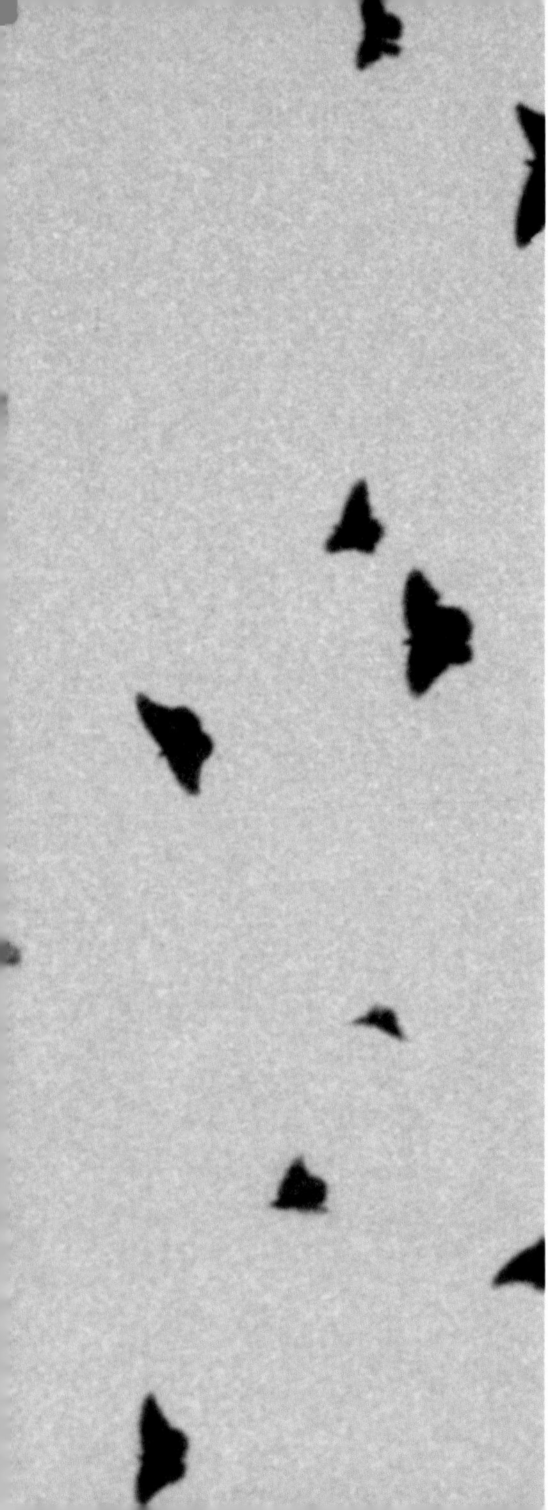

the street name "Schützengasse" refers), the founding ceremony of the Hitler Youth took place. As is known, the later "Reichsjugendführer", or leader of the Hitler Youth, Baldur von Schirach, was from Weimar. Paramilitary youth culture, youthful recklessness and political abuse were thus rampant in this place. The butterfly as a messenger of death also reminds us that even 18-year-olds that had "proved" themselves were stationed in various concentration camps as overseers and guards who ingloriously distinguished themselves there. The criminal self-satisfaction of the Thuringian bourgeois who could legitimize their acceptance as future members of the "Armbrustschützengesellschaft" by referring to Goethe and Carl August, made Fascism fit for polite society throughout the German land. In Weimar, Fascism's conscious reflection on Classisism and the use of the propaganda machine enabled by the new mass media find a condensation in the sense of Freudian symbol theory that is repeatedly confirmed.

The conceptual foundations of Christoph Rihs' work thus have a decidely political background that is nonetheless brought to bear only indirectly and with restraint, without didactic effects. The recipient

Schirach aus Weimar. Paramilitärische Jugendkultur, jugendliche Unbeschwertheit und politischer Missbrauch finden sich in diesem Ort daher in nuce. Der Schmetterling als Todesbote erinnert auch daran, dass gerade achtzehnjährige junge Menschen, die sich in der Hitlerjugend »bewährt« hatten, als Aufseher und Wärter in den verschiedenen Konzentrationslagern eingesetzt wurden und sich hier unrühmlich hervorgetan haben. Die spiessgesellenhafte Selbstzufriedenheit des Thüringer Bildungsbürgertums, ein Stammtischwesen, das sich in Bezug auf Goethe und Carl August als einstige Mitglieder in der Armbrustschützengesellschaft legitimiert glauben konnte, haben den Faschismus in deutschen Landen salonfähig gemacht. Die Rückbesinnung auf den Klassizismus durch den Faschismus ebenso wie der Gebrauch der Propagandamaschinerie, die die neuen Massenmedien ermöglicht haben, finden an diesem Weimarer Ort eine Verdichtung im Sinne der Freudschen Symboltheorie, der sich so als geradezu mehrfach determiniert erweist.

Die Arbeit von Christoph Rihs hat also einen dezidiert politischen Hintergrund, der jedoch nur verhalten, indirekt zur Geltung gebracht wird. Zwar verfügt sie über einen konzeptuellen Unterbau, der

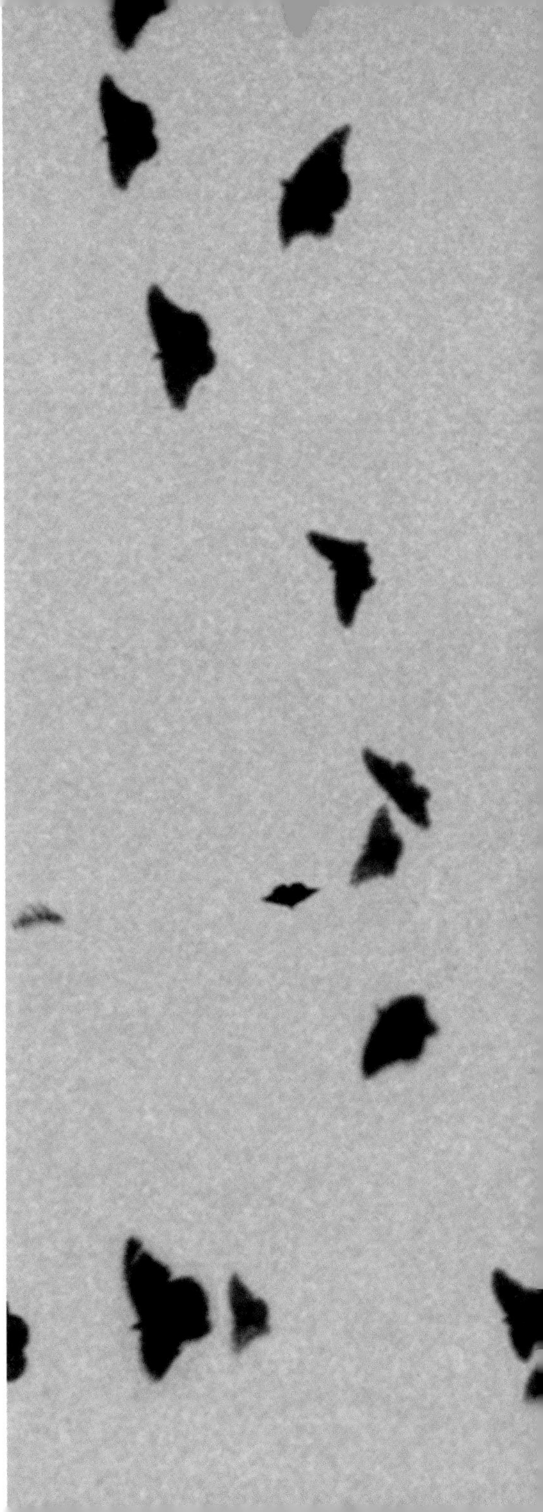

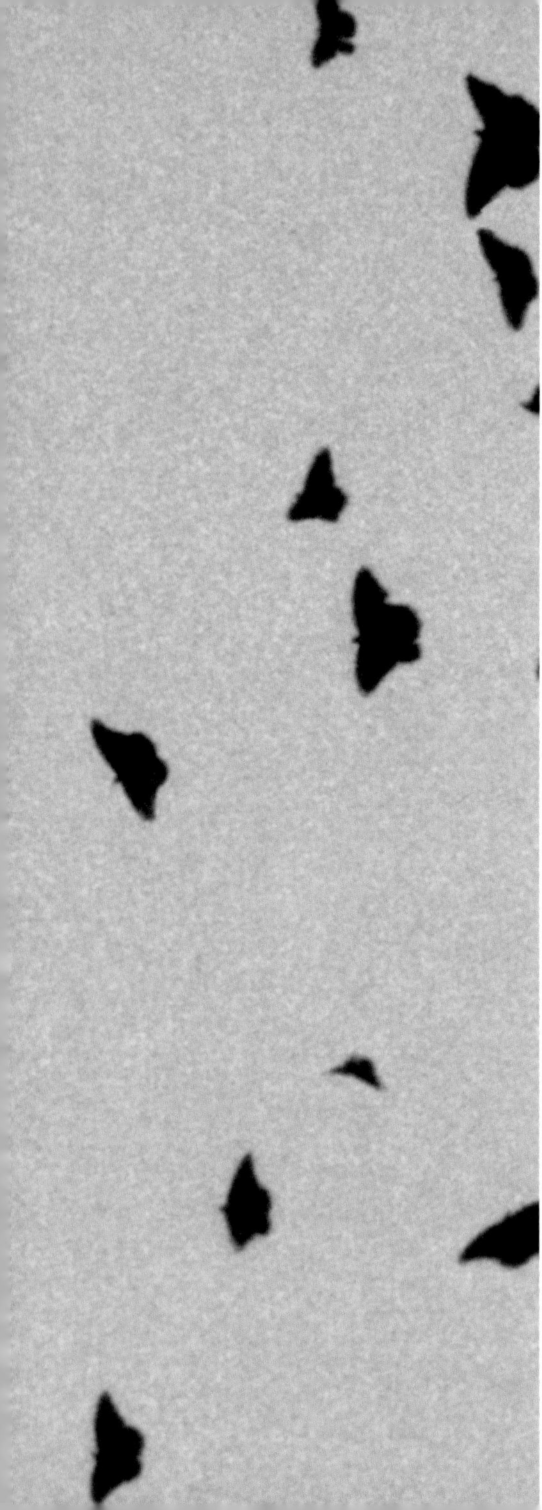

finds little by way of explanation, isn't willingly or unwillingly hit in the face with an easy morality or instructional guidelines. Not dissimilar to the work of Christian Boltanski, it has more to do with an emotional insinuation, with regret and sorrow. That's why the question as to which media are in keeping with

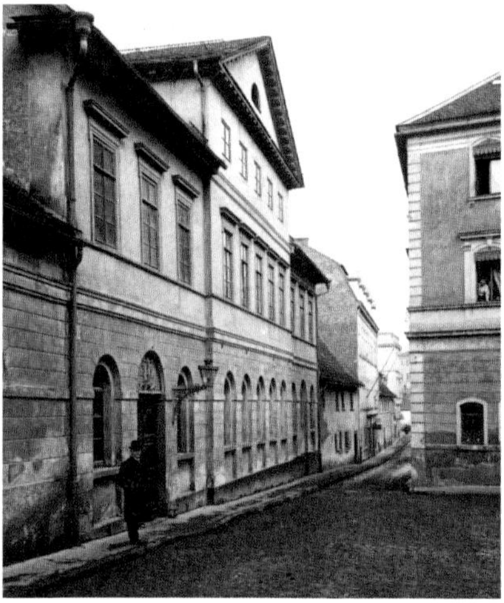

the preexisting situation is paramount. If the curiosity of the observer leads to an awareness of allusions to history and the parts of it that are conveyed here, so much the better. But the work is installed in such a way that not all of the many layers of meaning that could unfold may be perceived or, in the extreme case, the piece itself could be overlooked. The many levels on which it functions makes the experience of loss, absence, eine politische Aussage mit einschließt, doch geht es nicht um didaktische Wirkungen. Der Rezipient findet wenig Erklärendes, wird nicht nolens volens mit der Nase auf eine bequeme Moral und Nutzanwendung draufgestossen. Es geht eher, den Arbeiten eines Christian Boltanski nicht unähnlich, um ein emotionales Insinuieren, um Bedauern und Trauer. Die Frage, welche Mittel der vorgefundenen Situation angemessen sind, steht für Christoph Rihs daher im Vordergrund. Wenn die Irritation den Betrachter dazu bringt, die Anklänge an die Geschichte zu vertiefen und sich mit diesem Teil sedimentierter Überlieferung zu befassen, um so besser. Die Arbeit ist aber so angelegt, dass sie im Extremfall übersehen werden kann, beziehungsweise dass, auch wenn ihre Wahrnehmung nicht in eine sinnende Betrachtung übergeht, oder nicht alle der angelegten Bedeutungsschichten nachvollzogen werden, sie sich entfalten kann. Ihr Funktionieren auf mehreren Ebenen macht die Erfahrung von Verlust, Abwesenheit, Unentscheidbarkeit nur noch eindringlicher. Es genügt, dass da etwas ist, was sich als verhaltene Störung unserer Gewohnheiten erweist, um sich als Stachel in unserem Bewusstsein festzuhaken.

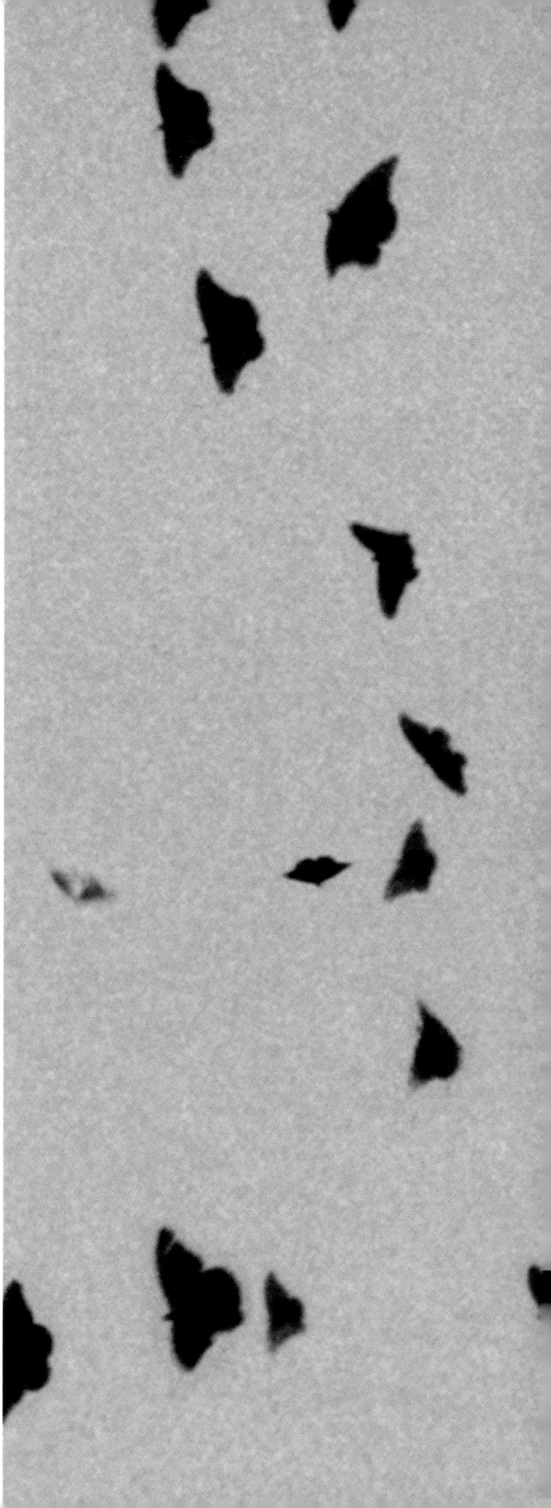

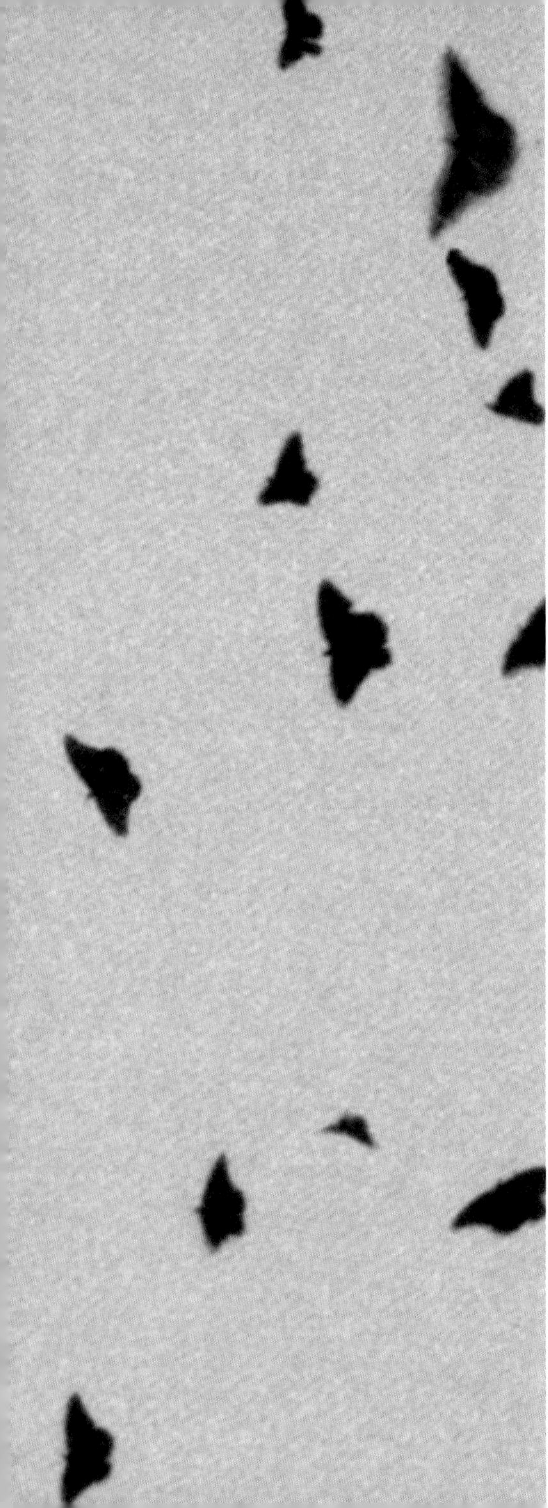

and indecision all the more urgent. It suffices that there is something there, a subtle disruption of that to which we're accustomed, pricking steadily like a thorn in our consciousness.

Goethe promoted a kind of art that holds within it all that is necessary to understand it. His conception of art was polemically pointed at that of the court which was formulated on mythological or allegorical knowledge that could only be understood by a certain section of the nobility and hence could serve as a kind of secret, allusive language. In contrast, the autonomous work that he propagated was self-contained, a small world unto itself, encapsulated from the outside world. If a work of art required information that could not be drawn from the work itself in order to have its effect, it would be rebuked as being literary. The price that the work had to pay for its autonomity was its being placed in a museum where it thereby lost its connection to the outside world.

Works like those of Christoph Rihs, on the other hand, live from their relation to context. Not only because they are aligned with one place and only make sense in that spot, but because one needs to draw on the information that the context itself

Goethe hatte eine Kunst gefordert, die alles, was zu ihrem Verständnis nötig ist, auch in sich trägt. Sein Kunstbegriff war polemisch gegen die höfische Kunst gerichtet, die mit Wissen etwa mythologischer oder allegorischer Art operierte, über das nur eine bestimmte Adelsschicht verfügte, der deswegen die Kunst als eine Art anspielungsreicher Geheimnissprache dienen konnte. Das von ihm propagierte autonome Werk war dagegen in sich geschlossen, eine kleine Welt in sich, und kapselte sich von der Außenwelt ab. Bedurfte ein Kunstwerk zu seiner Wirkung Informationen, die nicht dem Werk selbst zu entnehmen waren, so wurde es als literarisch gescholten. Der Preis, den die Werke für ihre Autonomie zu zahlen hatten, bestand in ihrer Musealisierung, darin, dass sie ihrer Verbindung zur Alltagswelt verlustig gingen.

Werke wie die von Christoph Rihs dagegen leben von ihrer Kontextbezogenheit. Nicht nur, dass sie auf einen konkreten Ort ausgerichtet sind und nur an dieser Stelle Sinn machen, zu ihrer Wirkung muss man auch die Informationen mit einbeziehen, die der Kontext zur Verfügung stellt. Diese sind – wie gezeigt – nicht nur formale Bezüge (der Stil der Fassade, ihre

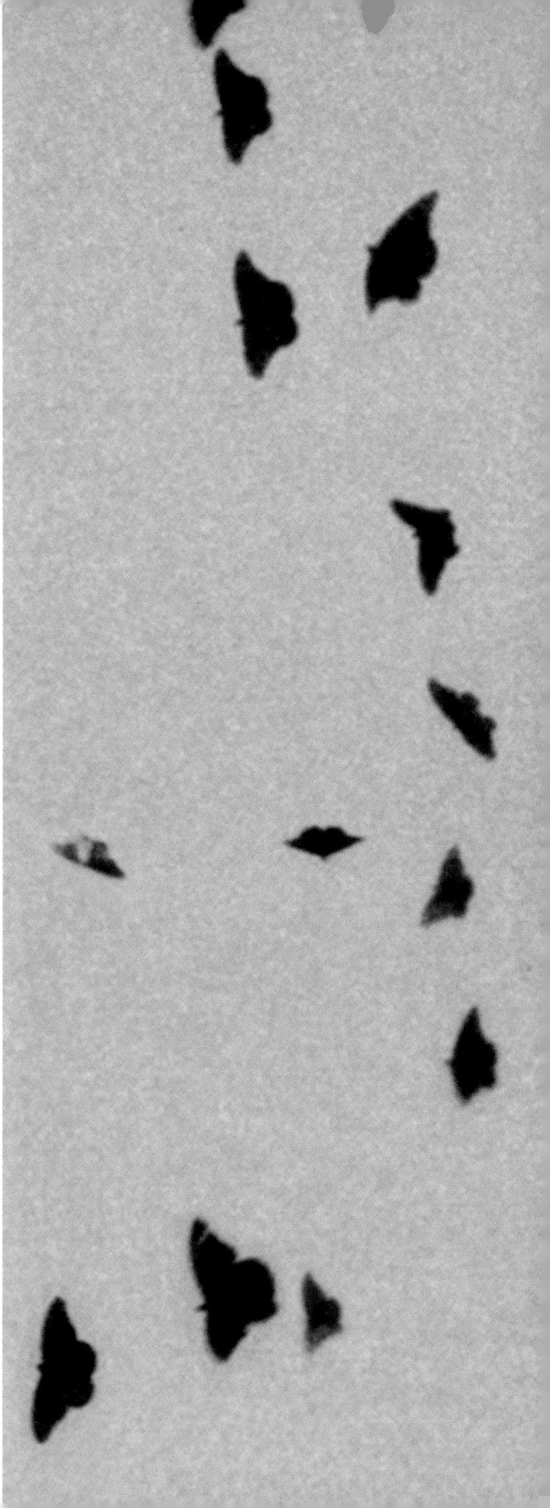

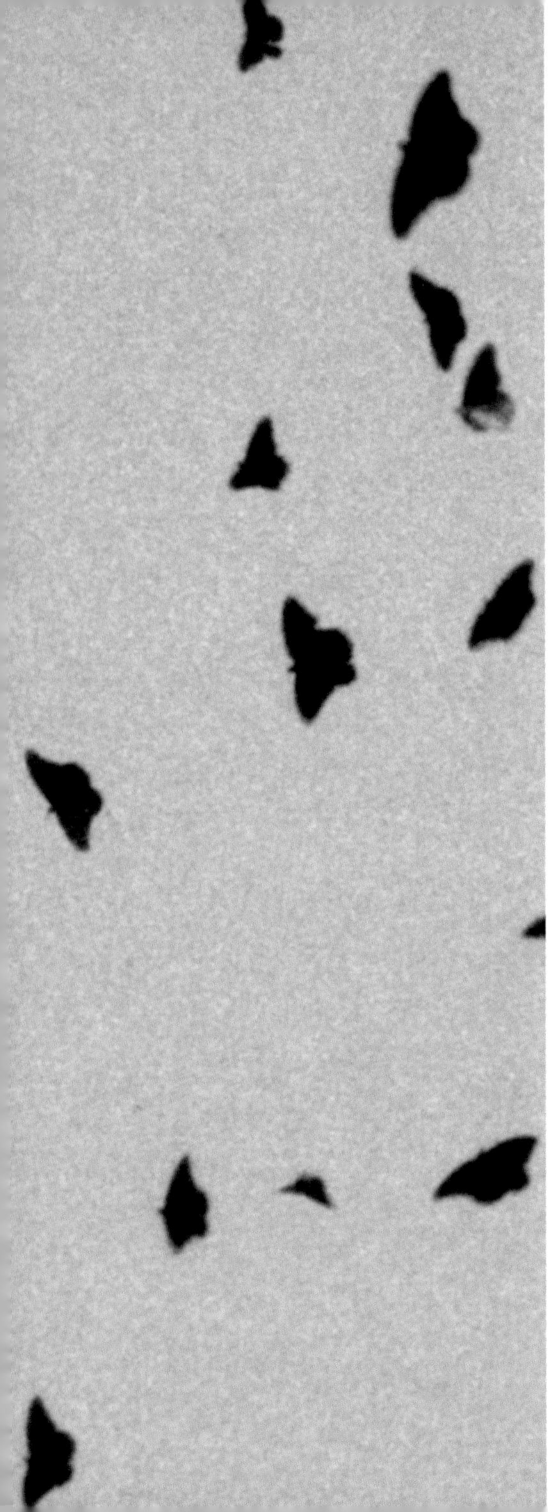

offers in order to grasp the meaning. As demonstrated, to be considered are not only formal references (e.g., the style of the facade, its construction) and historical elements such as the building's past use as a cinema, but also the perceptual situation of the observer. Although the installation is not located on a main street, display windows, advertising billboards on facades, and street lighting compete for the attention of the observer and must also be taken into account. As normal requisites of our environment, we nevertheless know what motives lie behind them and can judge the interests that they serve. Artistic interventions are different in that they basically present themselves as useless. In our city landscape, the dysfunctional also becomes an expression of the historically displaced, of freedom and imagination, the prerogative of art.

The renovation of the "Haus Stadt Weimar" into a "multiplex cinema and communication center for the expansion of the array of entertainment and culture" is scheduled to take place concurrently with the Rihs installation in the summer of 1999. This, too, was integrated into the concept in that the shell of the building, as a projection surface, will thus be constantly changing. In contrast to an

Gliederung), sondern auch historische Elemente, die vorgefundene Funktion Kino, aber auch die Wahrnehmungssituation des Betrachters, sogar der Strassenraum selbst mit seiner Konkurrenz öffentlicher Medien. Zwar handelt es sich um keine Hauptstrasse, doch Schaufenster, Plakatwände und die Strassenbeleuchtung sind auch hier zu berücksichtigen. Sie allerdings als übliche Requisiten unseres Ambientes sind für uns motiviert, und wir können die Interessen, denen sie dienen, beurteilen. Anders die künstlerischen Eingriffe, die sich für uns als vordergründig nutzlos darstellen. In unseren Stadtlandschaften wird das Dysfunktionale zum Ausdruck des auch historisch Verdrängten, zum Reservat der Kunst, der Freiheit und der Phantasie.

Der Umbau des »Haus Stadt Weimar« zu einem »Multiplex-Kino und Kommunikationszentrum zur Erweiterung des Freizeit- und Kulturangebots«, der im Sommer 1999 also zeitgleich mit der Rihsschen Installation stattfinden wird, ist ebenfalls mit in das Konzept einbezogen. So wird die Hülle des Gebäudes als Projektionsfläche sich ständig verändern. Im Gegensatz zu der leeren Filmleinwand, auf die wir unsere Dias und Filme projizieren, ist in diesem Fall die Fläche, auf der die Bilder erscheinen, selber von

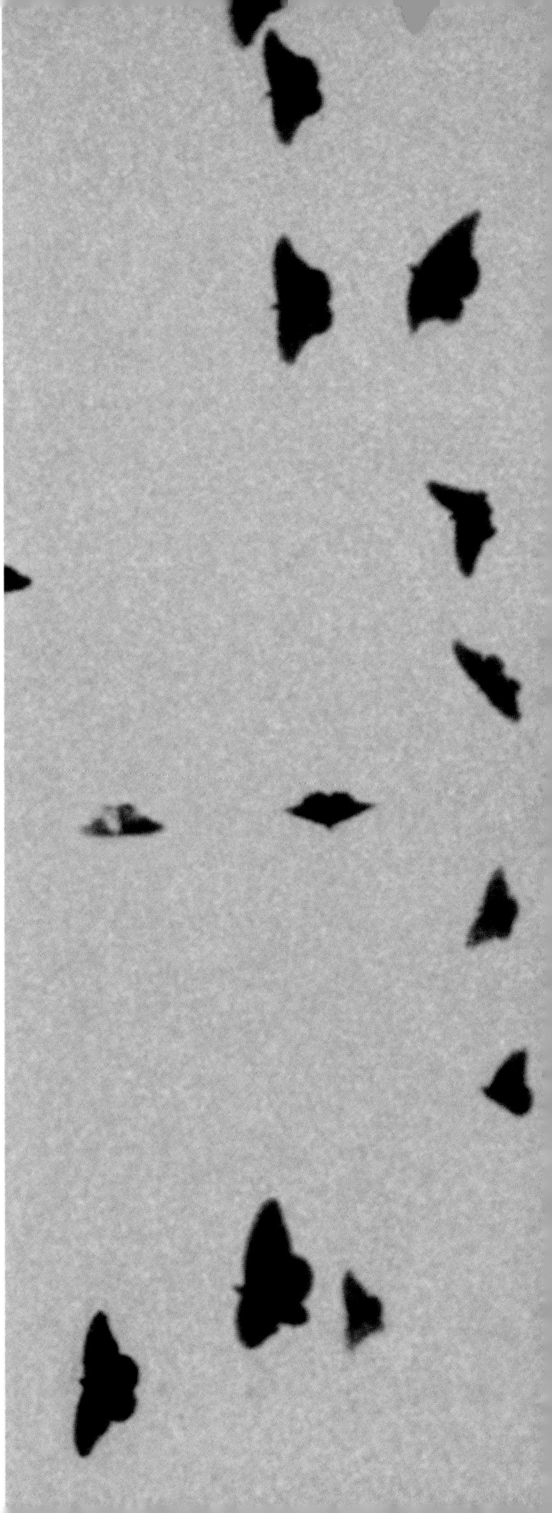

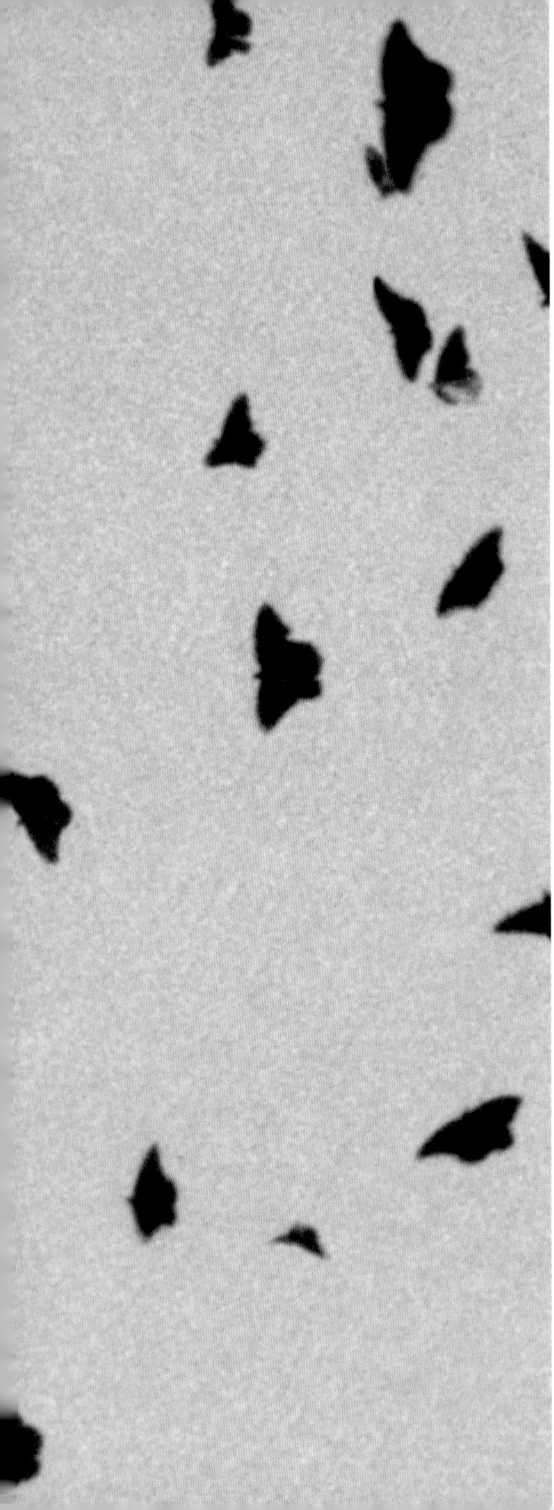

empty film screen onto which we project our slides and films, the surface on which the images appear in this case has a meaning of its own. It carries semantic messages that not only simply add to the projected images, but import new meaning in between, not unlike a

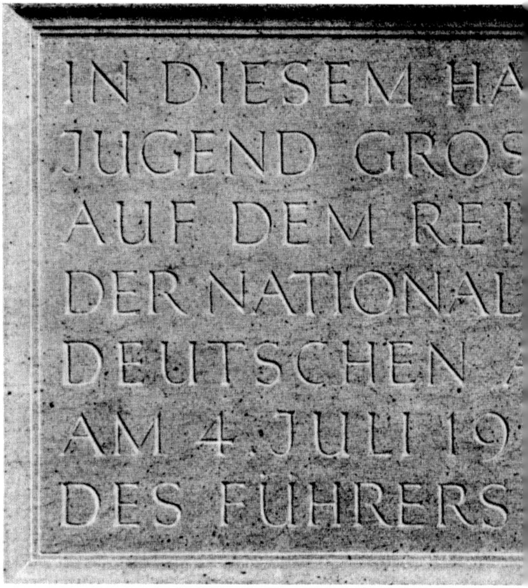

montage. The time that is erased by memory and the need of the living for entertainment, illusion, cinema, film and current billboard topics are counter-acted by the relative invisibility of the butterflies.

Ovid's Metamorphoses deal with actual catastrophes. The innocent flowers or

Bedeutung und trägt semantische Aussagen, die sich mit den von den Projektoren gelieferten Bildern nicht einfach addieren, sondern zwischen denen, einer Montage nicht unähnlich, neue Bedeutungen aufscheinen. Die Zeit, die Erinnerungen löscht, und die Bedürfnisse

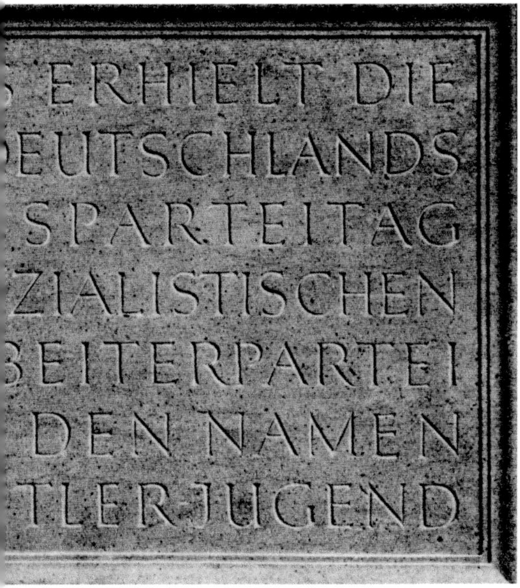

der Lebenden nach Unterhaltung, Illusion, Kino, Lichtspiel, nach der Aktualität der »billboards« werden durch die vergleichbare Unsichtbarkeit der Schmetterlinge konterkariert.

Die Ovidschen Metamorphosen behandeln eigentlich Katastrophen. Die unschuldigen Blumen oder kleinen Naturschauspiele,

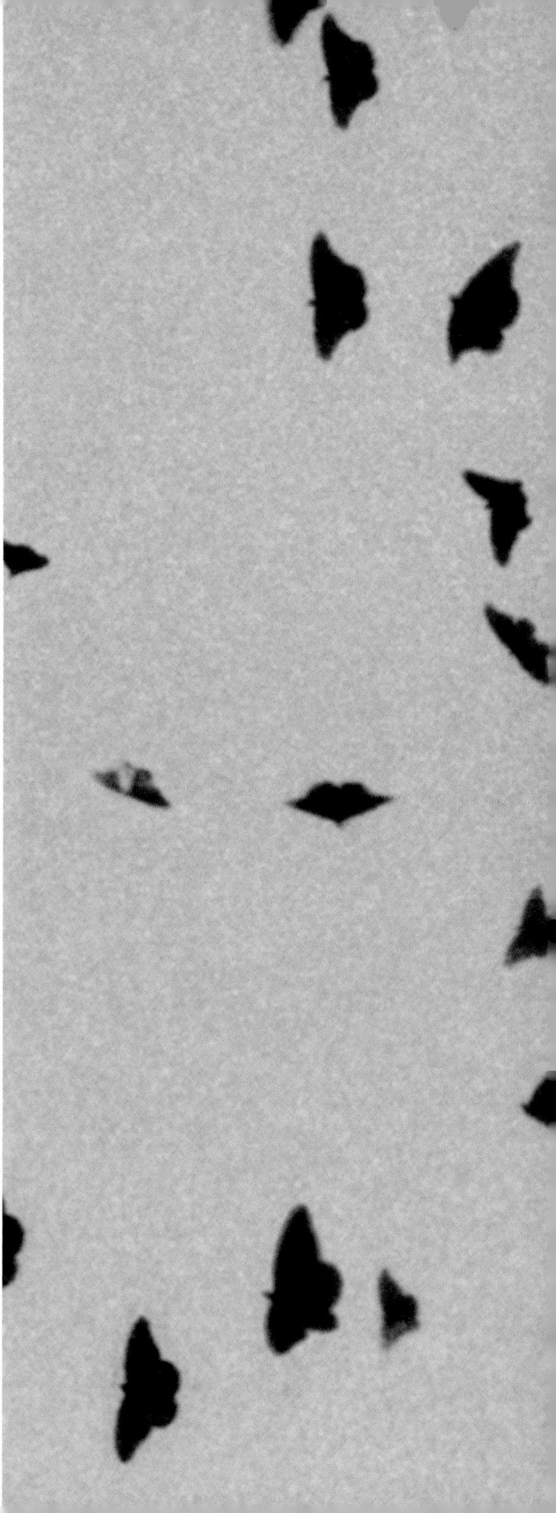

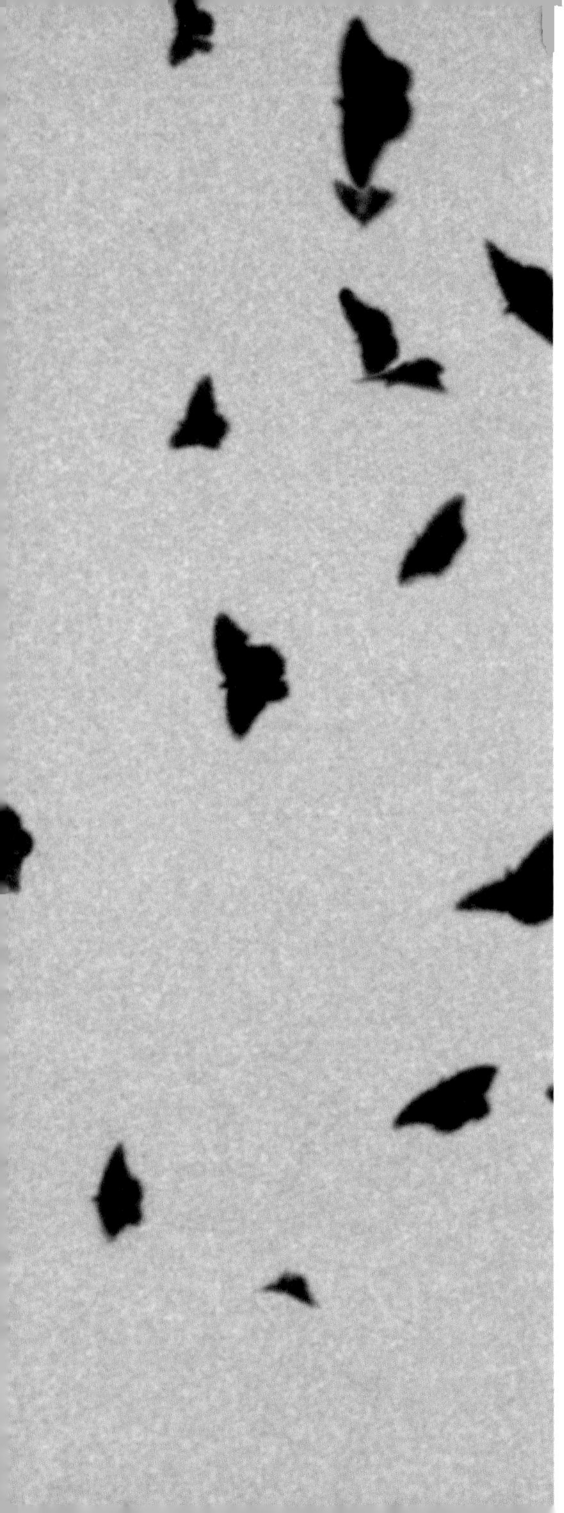

small spectacles of nature that remain preserve their memory, but also transform them in that they tie them into a cyclical experience of time, into something comforting. Christoph Rihs' butterflies act as a modern variation of a memento mori, standing in the same humane tradition.

Karl Schawelka

die von ihnen übrig geblieben sind, bewahren einerseits die Erinnerung daran auf, verwandeln sie aber, indem sie sie in eine zyklische Zeiterfahrung einbinden, in etwas Tröstliches. Die Schmetterlinge von Christoph Rihs, so sehr sie als zeitgemässe Variante eines memento mori fungieren, stehen in der gleichen humanen Tradition.

Karl Schawelka

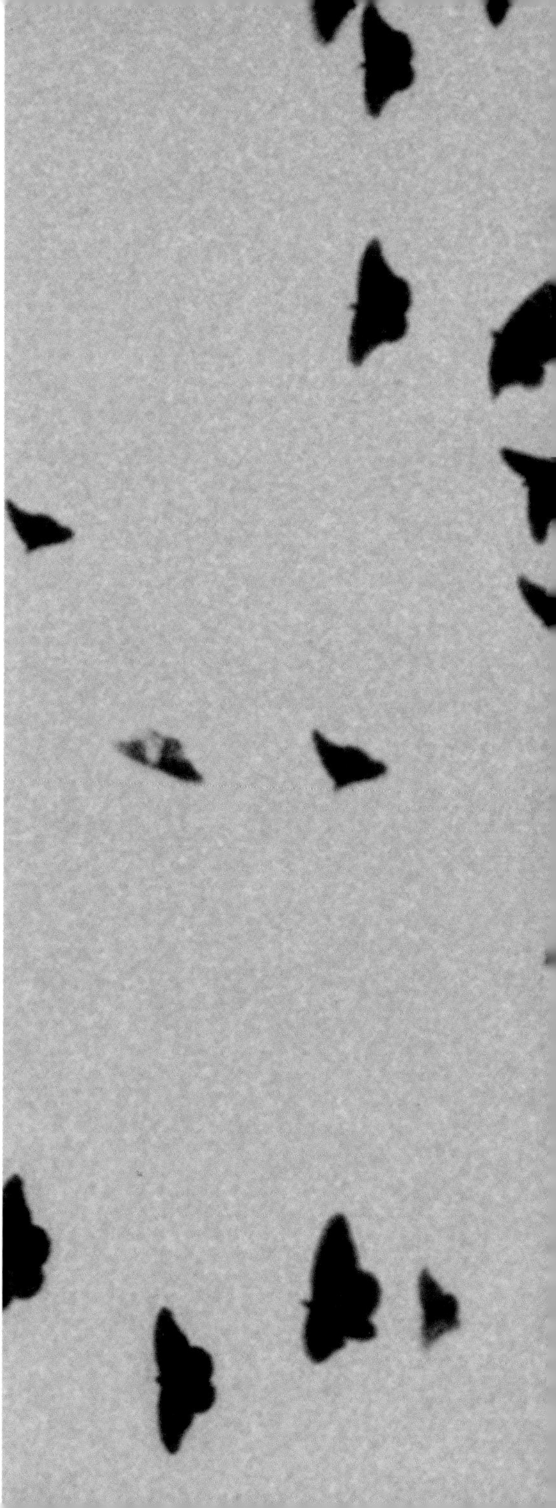

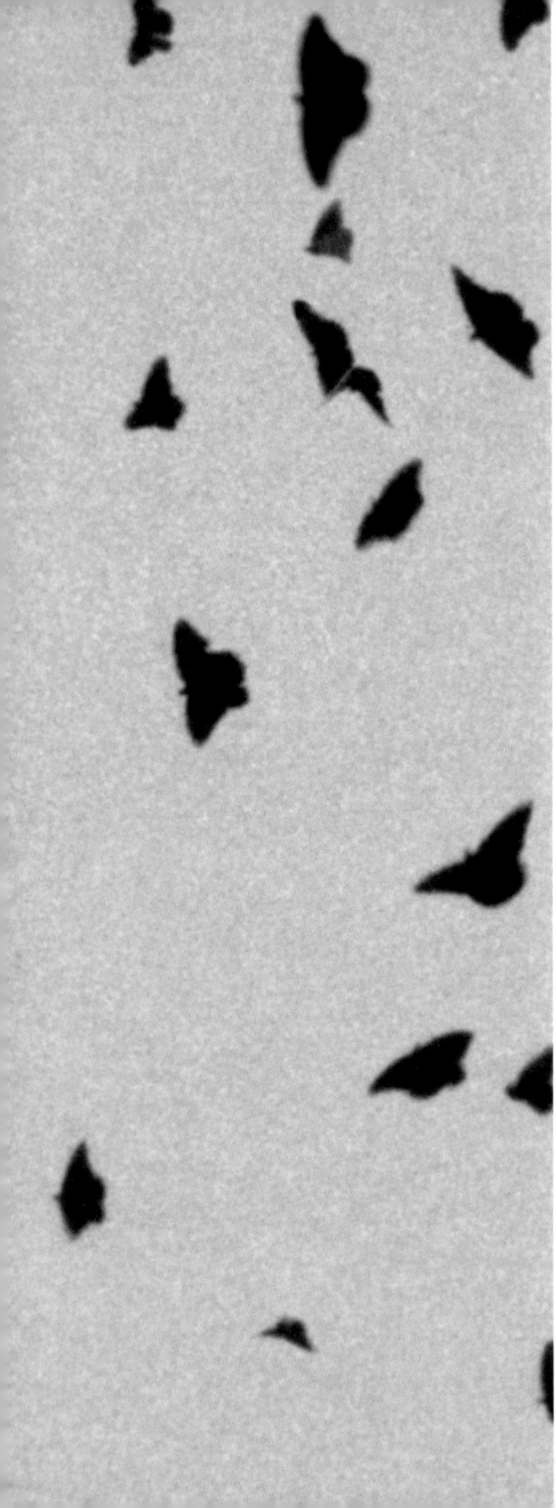

ON THE HISTORY OF THE HITLER YOUTH

When the "Hitlerjugend" or Hitler Youth (HY) was founded at the NSDAP party rally in 1926, it was one paramilitary youth organization among others. Within the spectrum of youth associations that had their origins in the anti-democratic Freikorps (volunteer corps), these right-wing organizations were, numerically speaking, relatively unimportant, somewhat comparable to the federal youth or the social democratic or communist youth associations. Organizationally speaking, the HY was comprised of various youth groups that shared the views of the NSDAP and was nothing more than an appendage to the SA. The SA took no members under the age of 18 and therefore needed an organization for its younger followers. Conceptually speaking, this new youth party still had so little to offer that, even in retrospect of the NSDAP, this time was considered one in which the Hitler Youth still did not have its "own life". The HY were primarily allowed to march along with the SA in parades and still had to collect their own money because the party had no funds for the work of the young, and most members, on account of their origins, could contribute only a little.

ZUR GESCHICHTE DER HITLERJUGEND

Als 1926 die Hitlerjugend (HJ) auf dem Parteitag der NSDAP gegründet wurde, war sie in der Weimarer Republik nur eine paramilitärische Jugendorganisation unter anderen. Im Spektrum der Jugendverbände waren diese rechten Jugendorganisationen, die ihren Ursprung in den antidemokratischen Freikorps hatten, zahlenmäßig relativ unbedeutend, etwa im Vergleich zur bündischen Jugend oder den sozialdemokratischen und kommunistischen Jugendverbänden. Organisatorisch faßte die HJ verschiedene der NSDAP nahestehende Jugendgruppen zusammen, ohne aber mehr als ein Anhängsel der SA zu sein. Die SA nahm keine Mitglieder unter 18 Jahren auf und brauchte deshalb eine Organisation für ihre jugendlichen Anhänger. Konzeptionell hatte diese neue Parteijugend noch so wenig zu bieten, daß selbst im Rückblick der NSDAP diese Zeit als eine galt, in der die Hitlerjugend vorwiegend bei Aufmärschen der SA mitlaufen durfte, noch kein »eigenes Leben« hatte und dabei auch noch Geld sammeln mußte, weil die Partei keine Mittel für die Jugendarbeit hatte und die Mitglieder aufgrund ihrer Herkunft meist nur wenig an Beiträgen aufbringen konnten. Der Weg zur

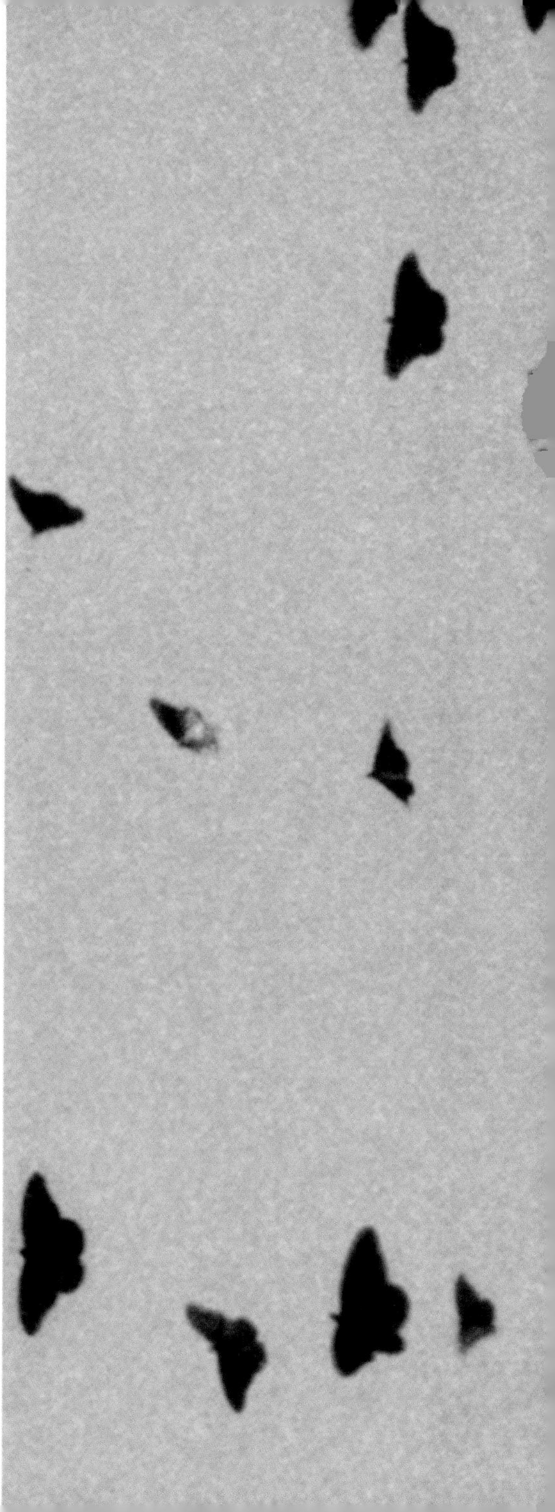

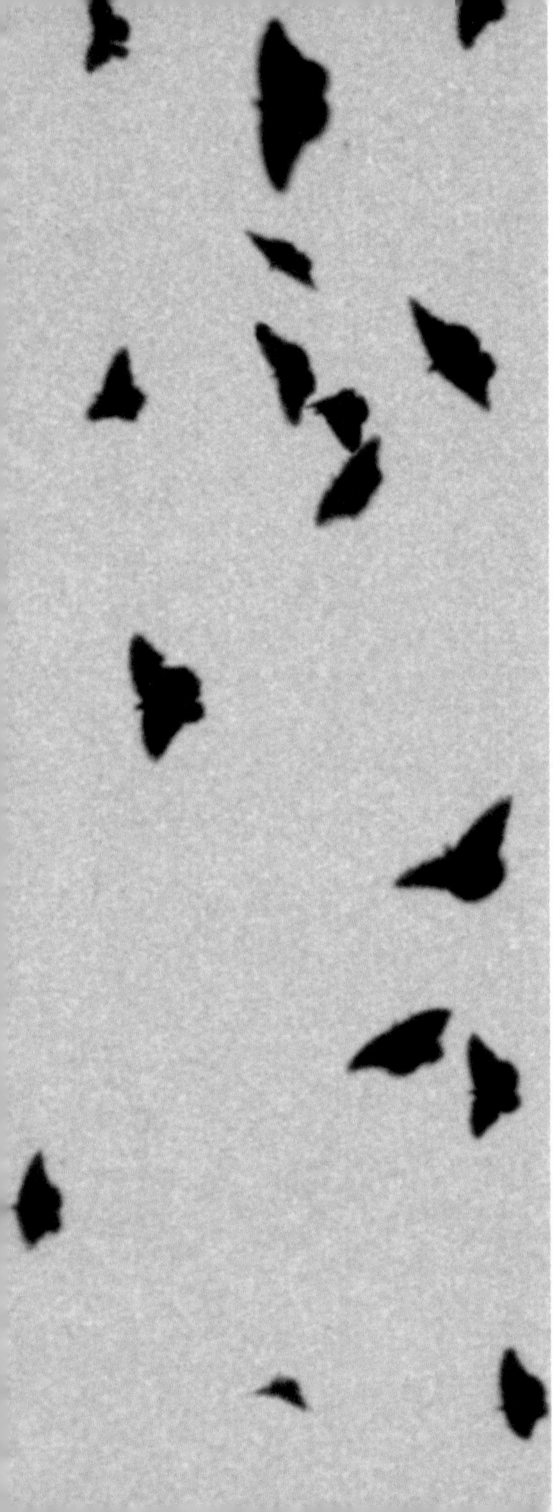

The way to the later "Staatsjugend" (National Youth) was still far off, and the confused and empty guidelines and reports of Kurt Gruber, on whose initiative the HY was founded and who was named as the first "Reichsführer of the Hitler Youth", left little to infer what would at that time point to the later rise to power.

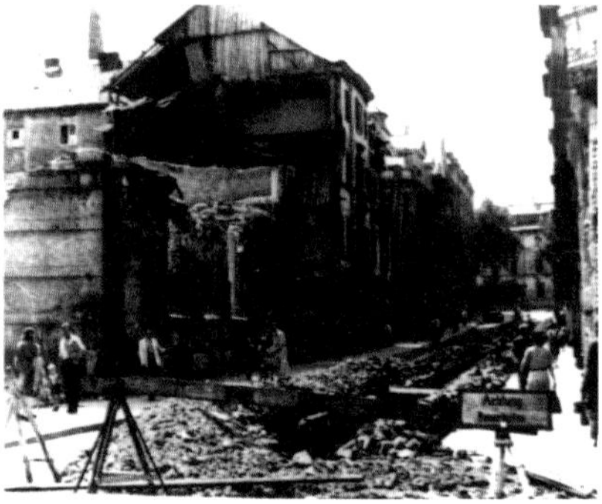

At the start, only a strict nationalistic and paramilitary alignment was clear. There was also a social revolutionary component, linked to the Nazi concept of the "Volksgemeinschaft", which was intended to demonstrate a demarcation from the elitism of the federal youth and the class struggle of the left-orientated associations at this phase. The name "Bund Deutscher Arbeiterjugend" (Federation of German Working Youth), as the HY was also known, was supposed to make the social origins clear. At the same time, the term "Volksgemein-

späteren Staatsjugend war noch weit, und den wirren und inhaltslosen Richtlinien und Verlautbarungen Kurt Grubers, auf dessen Initiative die HJ gegründet und der zum ersten Reichsführer der Hitlerjugend ernannt wurde, läßt sich nur wenig entnehmen, was bereits auf den späteren Aufstieg hinweisen würde.

Nur eine streng nationalistische und paramilitärische Ausrichtung ist von vornherein klar und anfangs auch eine sozialrevolutionäre Komponente, die sich auf den Begriff der Volksgemeinschaft stützt, der in dieser Phase eine Abgrenzung gegen den Elitarismus der bündischen Jugend und gegen den Klassenkampf der linken Jugendverbände signalisieren sollte; »Bund Deutscher Arbeiterjugend« war der Beiname der HJ, der die soziale Herkunft deutlich machen sollte. Der Begriff der Volksgemeinschaft sollte zugleich eine scharfe Abgrenzung gegen alles »Volksfremde« anzeigen, der *nationale* Sozialismus war vor allem ein völkischer, ein rassistischer. Der Rassismus als politisches Programm, nämlich als Ausschluß aller »Andersrassigen« und als aggressiver Antisemitismus, ist ein sich durchhaltendes Element der Nazi-Propaganda. Der militanten Integration der eigenen Anhängerschaft entsprach so von vornherein eine ebenso aggressive

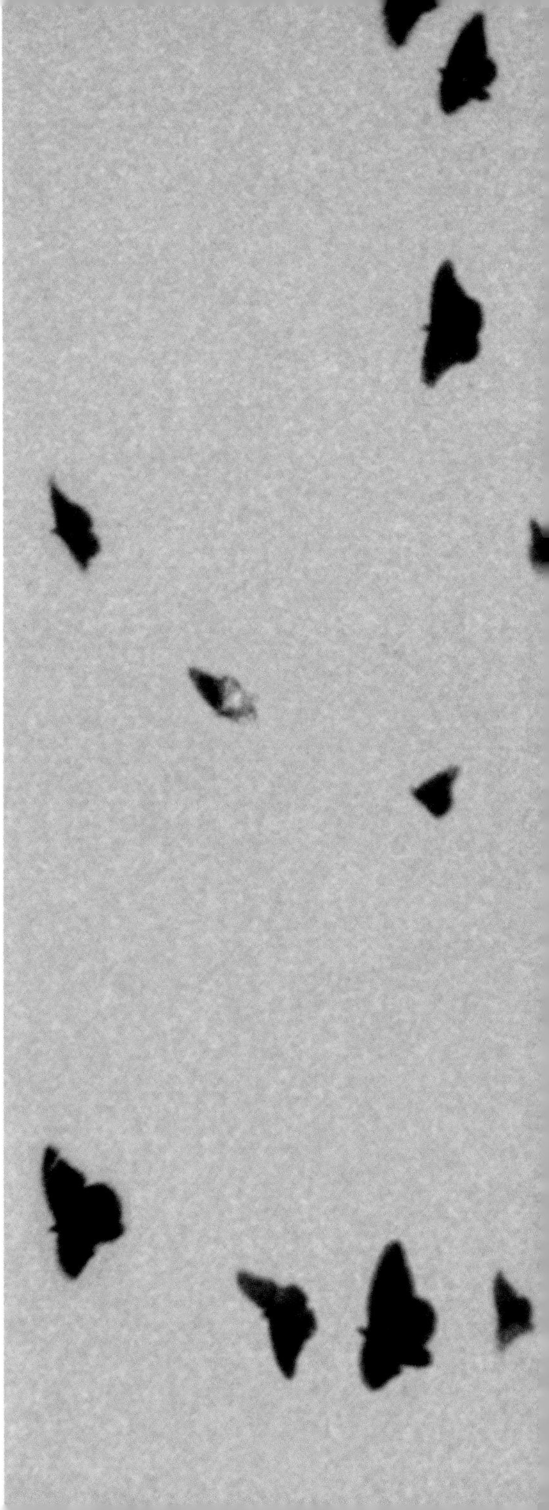

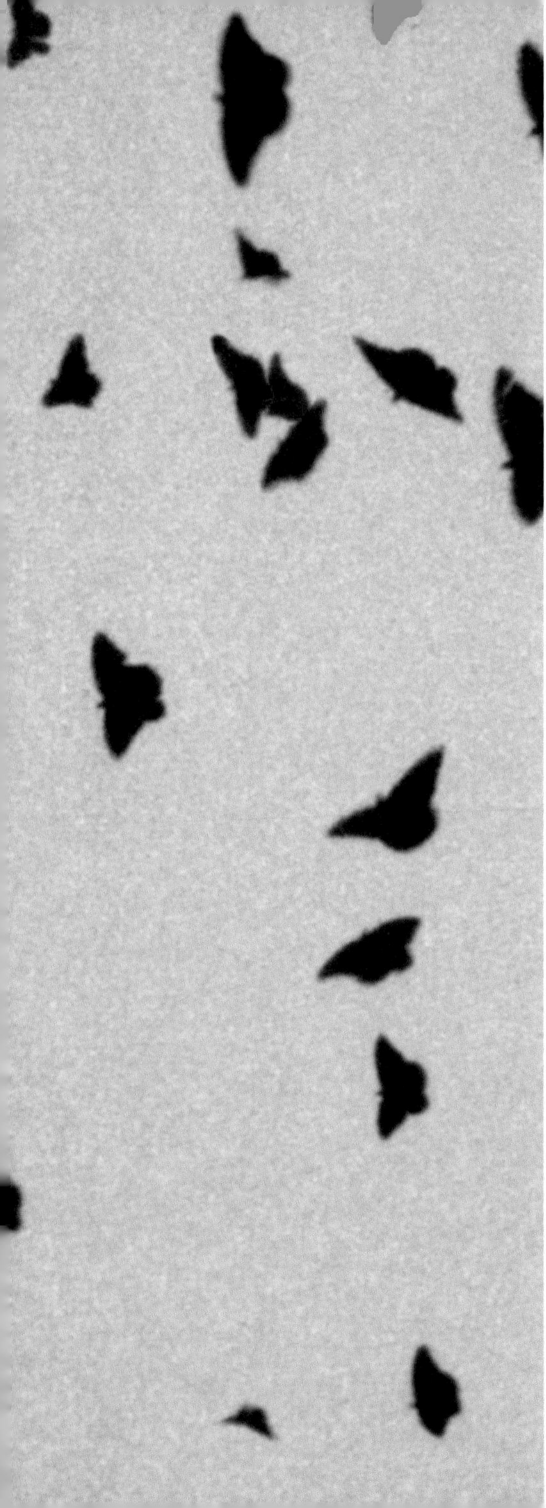

schaft" was used to distinguish itself from everything that was "volksfremd", or alien to the "Volk"; the national socialism meant above all a "people", a racist socialism. As a political program, racism – namely, the exclusion of those of all "other races" and as aggressive anti-semitism – permeated all elements of Nazi propaganda. The militant integration of its own followers thus corresponded to a just as aggressive discrimination of all those that were of other convictions or, according to racist categories, were of other origins. Moreover, it is striking how little weight was placed on the ideological establishment of the National Socialist "Weltanschauung", as it was called in Nazi jargon. The organizational display, the divisional and operational hierarchies, and the rituals of this authoritarian-structured, "völkisch" or national entity counted most.

The party rally in 1926, following which the "Großdeutsche Jugend" (United German Youth) was renamed "Hitler Youth" upon Julius Streicher's proposal, took place in Weimar because Thuringia was one of the few states in which Hitler was even allowed to speak. On account of the Putsch attempt of November 1923, Hitler spent a few months in prison, and

Diskriminierung aller, die anderer Gesinnung oder – gemäß rassistischer Kategorien – anderer Herkunft waren. Dabei fällt auf, wie wenig Gewicht auf die ideologische Begründung der nationalsozialistischen »Weltanschauung«, wie es im Nazi-Jargon hieß, gelegt wurde. Wichtiger war der organisatorische Aufwand, die Gliederungen und Weisungshierarchien sowie die Rituale dieses autoritär strukturierten völkischen Vereinswesens.

Der Parteitag, bei dem auf Antrag Julius Streichers die Umbenennung der »Großdeutschen Jugend« in Hitlerjugend erfolgte, fand 1926 deshalb in Weimar statt, weil Thüringen eines der wenigen Länder war, in denen Hitler überhaupt sprechen durfte. Hitler war wegen des Putschversuchs vom November 1923 einige Monate in Haft gewesen, die Partei ebenso wie der »Jungsturm Adolf Hitler« waren zeitweilig verboten, die Neugründung der NSDAP fand erst 1925 statt. Weimar wurde also Tagungsort, das »Haus Stadt Weimar«, das Vereinsheim der Armbrustschützengesellschaft, einer der Veranstaltungsorte der HJ. Die Duldung der offen antidemokratischen und auch im Sinne der Weimarer Verfassung hochverräterischen Aktivitäten der NS-Bewegung

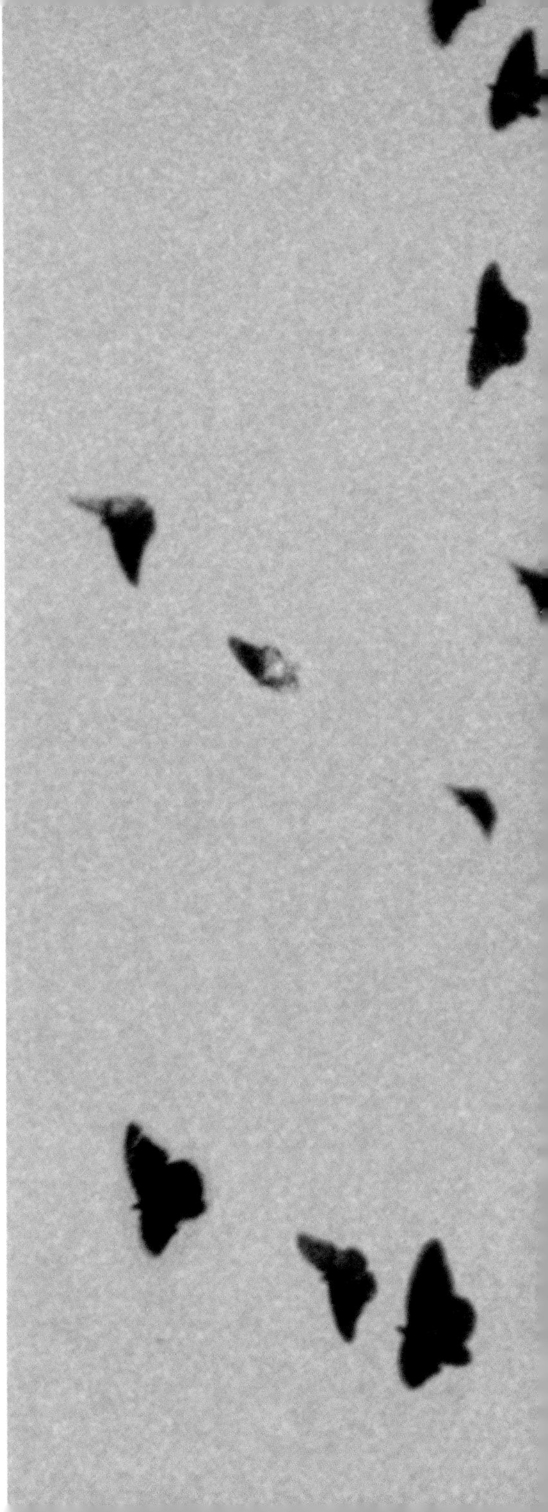

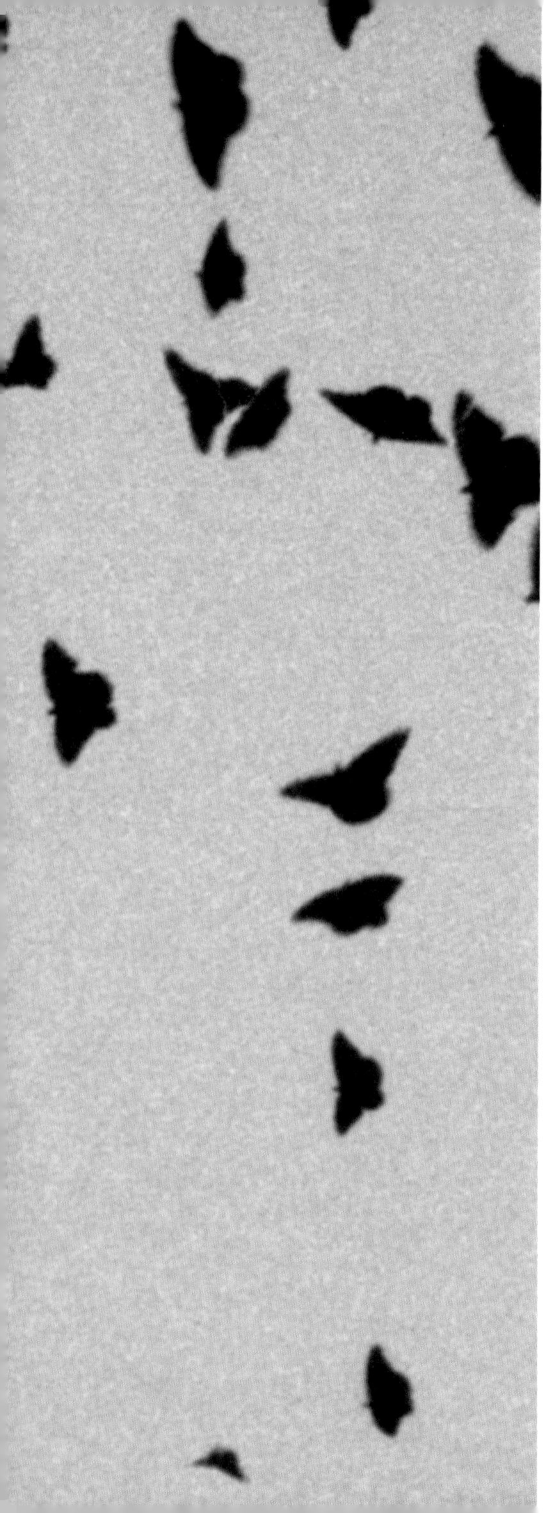

the party as well as the "Jungsturm Adolf Hitler" were prohibited for a period of time. The new establishment of the NSDAP first took place in 1925. Weimar was thus the meeting place, the "Haus Stadt Weimar", the residence of the "Armbrustschützengesellschaft" (Cross-bow Archery Club), one of the event locations of the Hitler Youth. The tolerance of many municipal offices and the open support from a certain share of society and industry (the HY were also dependant on such patrons in the beginning) for the openly anti-democratic and highly treacherous activities of the NS movement (in terms of the ideas of the Weimar Constitution) were at that time, as well as later, conditions for success. Where National Socialism, militarism, anti-semitism and xenophobia were well-anchored, the NSDAP would find room for its activities as well.

Until 1930, the success was nevertheless slight. The HY was essentially a youth organization of the SA that was under its instructions and control. Those that turned 18 had to leave the HY to join the SA and the NSDAP. Even the leadership, propaganda, and organizational structures were not yet very successful since, among other durch manche staatlichen Stellen und die offene Unterstützung durch bestimmte Teile der Gesellschaft und der Industrie – von solchen Gönnern war auch die HJ anfangs abhängig – waren hier wie auch später Bedingung für den Erfolg. Wo Nationalismus und Militarismus, Antisemitismus und Fremdenfeindlichkeit gut verankert waren, fand auch die NSDAP Raum für ihre Aktivitäten.

Doch der Erfolg war bis 1930 eher gering, die HJ war im wesentlichen Jugendorganisation der SA, deren Anweisungen und Kontrolle sie unterstand, und wer 18 Jahre alt wurde, mußte von der HJ in die SA und die NSDAP eintreten. Auch die Führungs-, Propaganda- und Organisationsstrukturen waren noch nicht sehr erfolgreich, unter anderem, weil die jugendlichen Mitglieder solche kaum aufzubauen in der Lage waren und es nur wenige hauptamtliche Funktionäre gab. Es war zunächst also weniger das Geschick, mit dem die HJ selbst operierte, als vielmehr der Erfolg der Partei, mit dem auch der Erfolg der HJ wuchs. Nach einigen Rückschlägen gelang es der HJ 1930 erstmals, etwa 100.000 Jugendliche für einen Aufmarsch zu mobilisieren. Die Straßenschlachten am Ende der Weimarer Republik und die Versuche einiger staat-

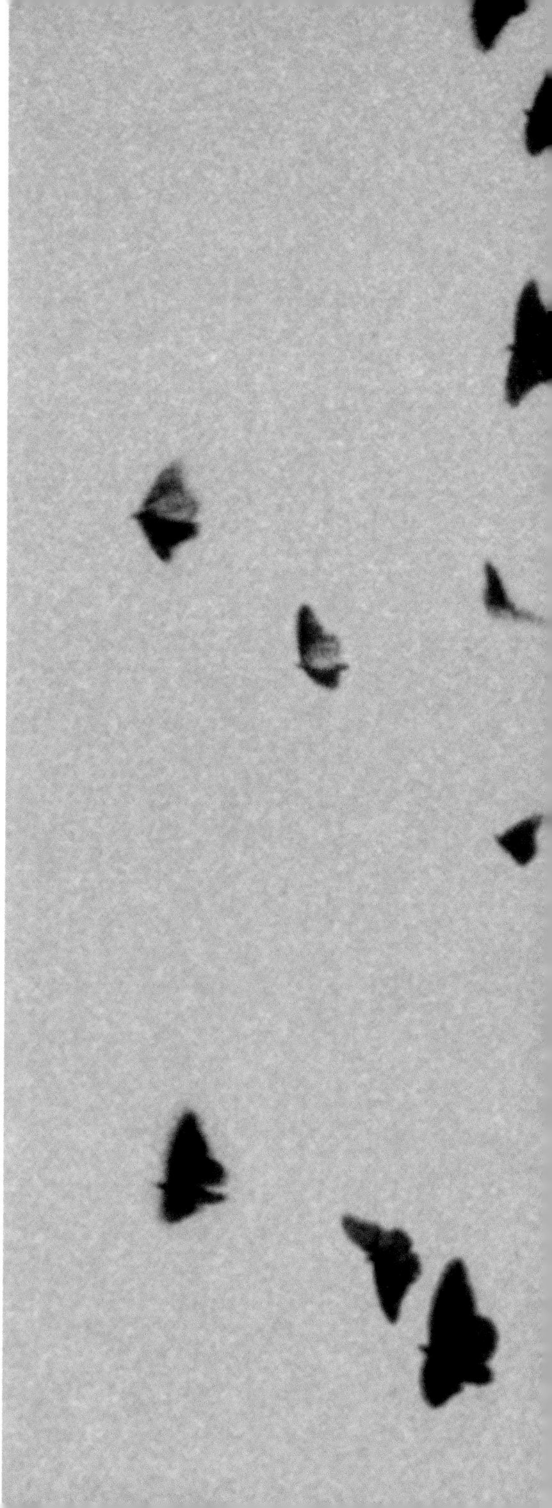

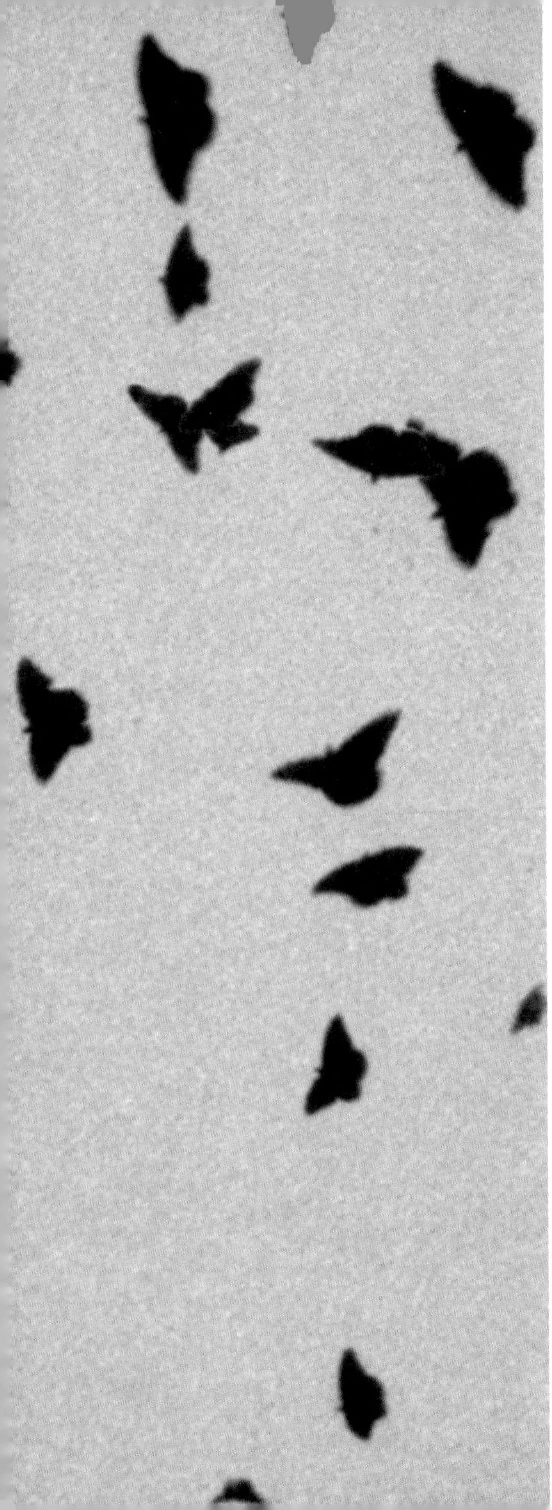

reasons, the young members were hardly in a position to establish themselves and there were very few full-time administrators. At first, the HY's growth could be attributed less to its own functional proficiency than to the success of the party. After a few setbacks, it was first in 1930 that the HY managed to mobilize 100,000 young people for a march. The street battles at the end of the Weimar Republic and the attempts of some municiple agencies to forbid or hinder the activities would later be considered by the HY as a heroic "time of struggle" whose victims were glorified as heroes in memorial tributes and in propaganda publications and films.

After the so-called assumption of power and the prohibition or consolidation of the other youth associations, the HY – and the "Bund Deutscher Mädel" (BDM) (Federation of German Girls) – gradually became "Staatsjugend", (National Youth). At that time the National Youth no longer had 100,000 members like at the end of Weimar Republic, but more than six million. The "time of struggle" had come to an end, and the "National Socialist movement" could begin to implement its totalitarian agenda.

licher Stellen, Aktivitäten der HJ zu verbieten oder zu behindern, galten der HJ später als heroische »Kampfzeit«, deren Opfer in Heldengedenkveranstaltungen, Propagandaschriften und Propagandafilmen verherrlicht wurden.

Nach der sogenannten Machtergreifung und dem Verbot bzw. der Gleichschaltung der anderen Jugendverbände wurde die HJ – und der 1930 gegründete Bund Deutscher Mädel (BDM) – nach und nach zur Staatsjugend. Als Staatsjugend hatte die HJ nun nicht mehr 100.000 Mitglieder, wie am Ende der Weimarer Republik, sondern mehr als sechs Millionen. Die »Kampfzeit« war zu Ende, und die »nationalsozialistische Bewegung« konnte beginnen, ihre totalitären Ansprüche durchzusetzen.

Im neuen Reich sollte alles und jedes seinen genau bestimmten Ort haben, kein Lebensbereich sollte ausgespart werden, der nicht im Hinblick auf die Ziele der Bewegung neu »organisiert« werden sollte. Die nationalsozialistischen Berufsverbände traten an die Stelle der traditionellen – und vor allem: unterschiedlichen – Berufsverbände, an die Stelle der Gewerkschaften trat die deutsche Arbeitsfront (DAF), für die Freizeit waren die »Kraft durch Freude«- Organisationen zuständig,

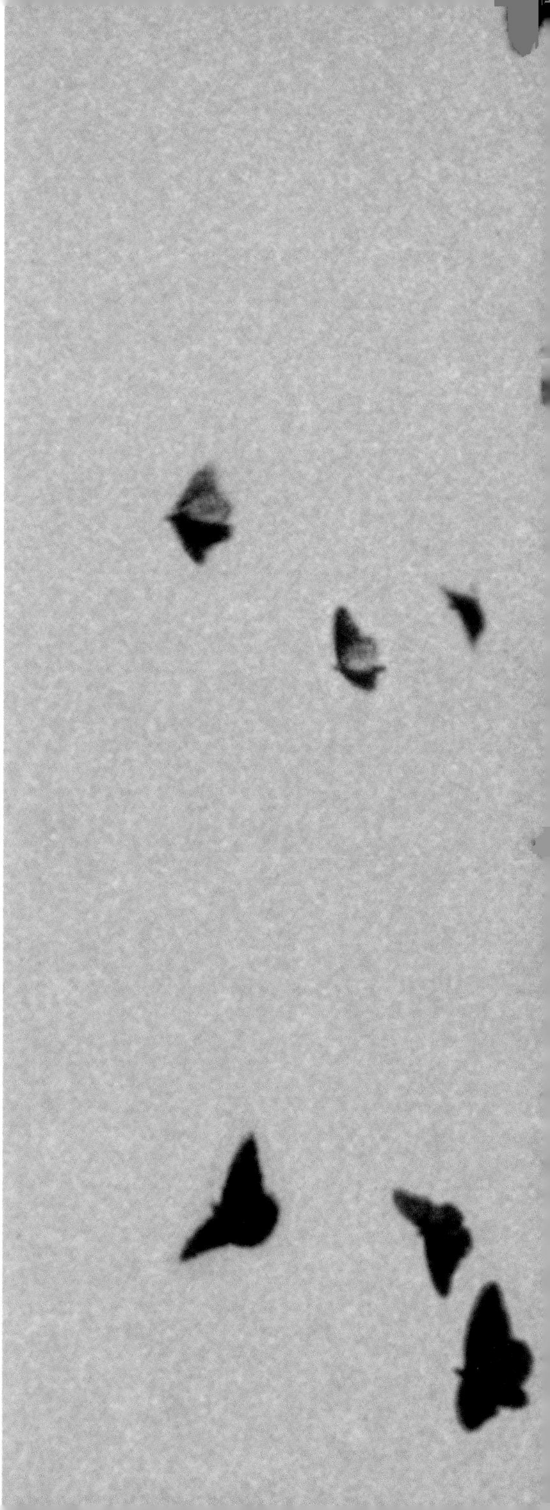

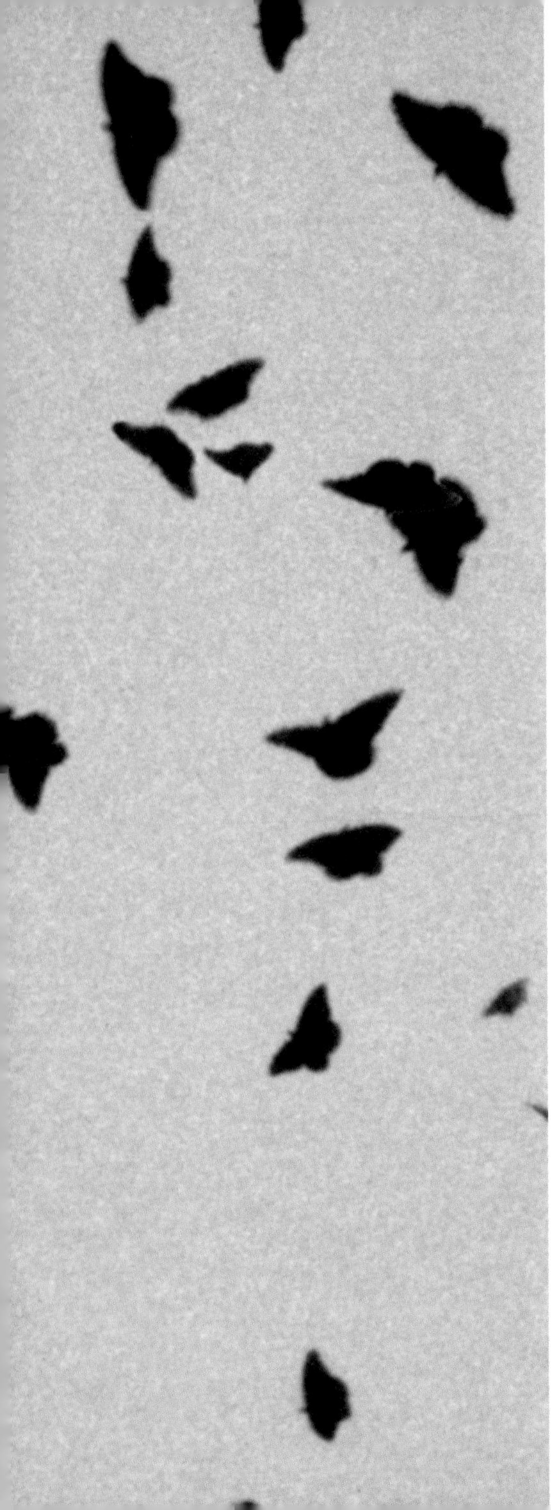

In the new Reich, each and every thing was to have its exact defined place. No area of life was to be spared from being newly "organized" with respect to the goals of the movement. The National Socialist professional associations supplanted the traditional and, above all, diverse professional associations. The "deutsche Arbeitsfront" (DAF) (German Work Front), succeeded the labor unions. The "strength through joy" organizations were responsible for leisure time. The "Reichsfrauenbund" replaced the women's associations, etc. As Hannah Arendt writes, everyone from street sweepers to university professors were to have their predetermined place within the move-ment. The totalitarian regime imitated all preexisting societal structures, unifying and controlling them, robbing them of the purpose that they previously had in society. With totalitarian integregation came totalitarian exclusion. This began with the imprisonment of administrators of competing organizations and went further with the integration or prohibition of other parties and associations, ending with the annihilation of those that were seen to be foreign or harmful: Jews, Sinti and Roma, homosexuals and the handicapped. The total "bringing into line" of society after 1933 that was celebrated as an abolition of inner

an die Stelle der Frauenverbände trat der Reichsfrauenbund usw., kurz, vom Straßenkehrer bis zum Universitätsprofessor sollte alles und jeder seinen vorbestimmten Platz in der Bewegung haben, wie Hannah Arendt schreibt. Die totalitäre Bewegung imitierte alle Strukturen der Gesellschaft, die sie vorfand, vereinheitlichte und kontrollierte sie und raubte ihnen damit den Sinn, den sie zuvor in der Gesellschaft hatten. Zur totalitären Integration gehörte zugleich der totalitäre Ausschluß. Das begann bei der Verhaftung der Funktionäre konkurrierender Organisationen, ging weiter mit der Eingliederung oder dem Verbot anderer Parteien und Verbände und endete mit der Vernichtung derer, die als fremd oder schädlich betrachtet wurden: der Juden, der Sinti und Roma, der Homosexuellen, der Behinderten. Die totale Gleichschaltung der Gesellschaft nach 1933, die als Aufhebung der inneren Spaltung gefeiert wurde, war der Auftakt zur totalen Diskriminierung und Entrechtung, die in der Vernichtung der Ausgeschlossenen ihr Ziel hatte.

Die Hitlerjugend war nun der Verband der Jugend. Die totale Erfassung der gesamten Jugend war das ausdrücklich proklamierte Ziel. Eine berüchtigte Rede Hitlers aus dem Jahr 1938 faßt

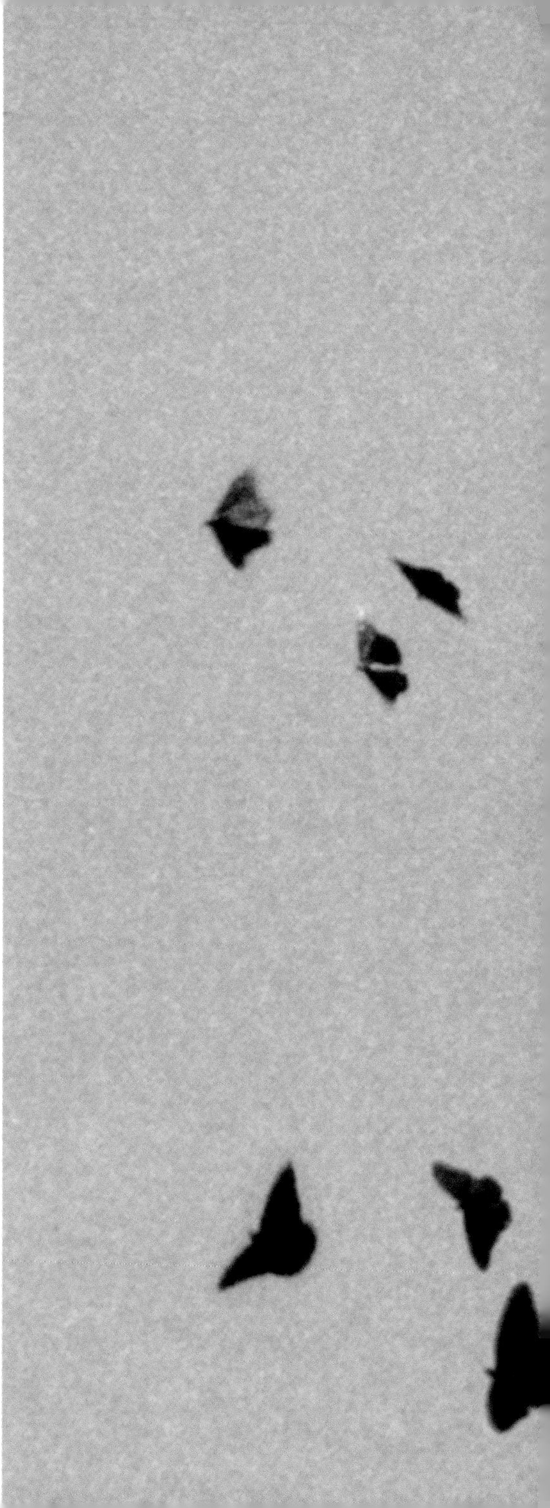

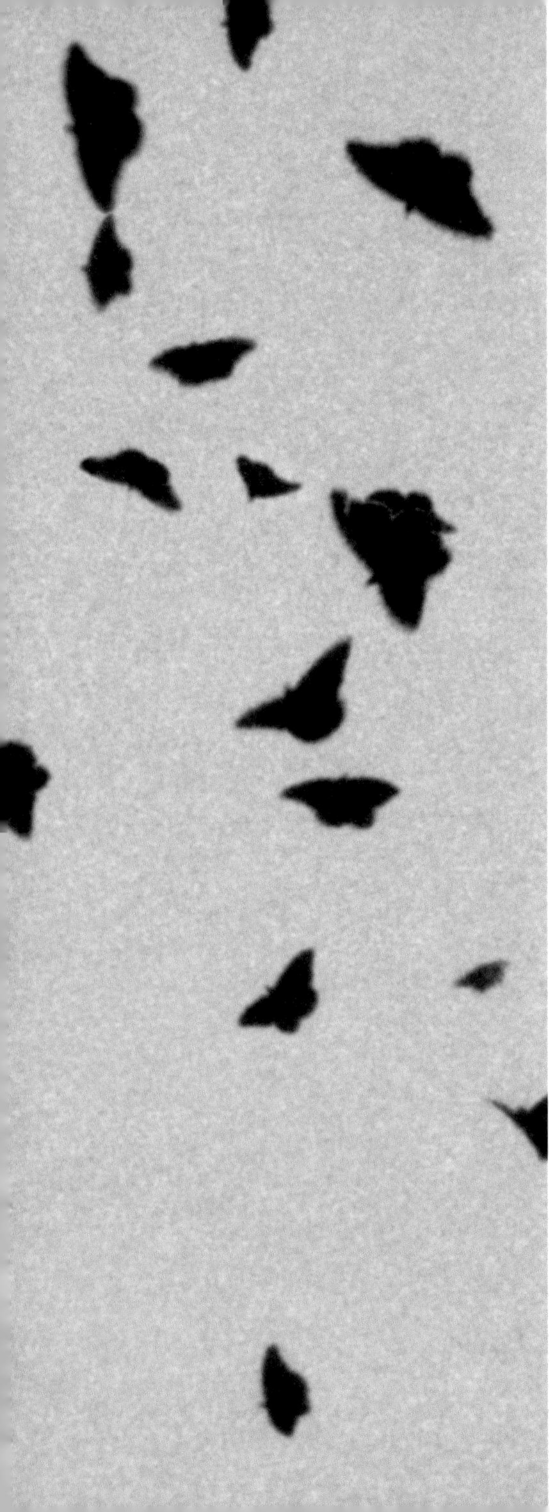

divisions was the prelude to total discrimination and deprivation of rights that had the extermination of the excluded as its objective.

The Hitler Youth were now the youth organization, and taking hold of the entire younger generation was the expressly proclaimed goal. One of Hitler's notorious speeches from 1938 colorfully sums up the way this objective was to be realized:
"These youth learn nothing other than to think German, to act German, and when these 10-year-old boys enter our organization..., then four years later they come from the young people into the Hitler Youth where we keep them another four years, and then we don't give them right back into the hands of our old producers of class and status, but rather we take them right away into the party, into the work front, in the SA or the SS, in the NSKK, and so on. And if they haven't then completely become National Socialists in two or one and a half years, then they come in the work service and will again be groomed there for six or seven months....And if after six or seven months there should still be class consciousness or pride of position present, then the 'Wehrmacht' (army) will take over for further treatment for

dieses Ziel – und auf welche Weise es realisiert wurde – bündig zusammen: »Diese Jugend lernt ja nichts anderes als deutsch denken, deutsch handeln, und wenn diese Knaben mit zehn Jahren in unsere Organisation hineinkommen …, dann kommen sie vier Jahre später vom Jungvolk in die Hitler-Jugend, und dort behalten wir sie wieder vier Jahre, und dann geben wir sie erst recht nicht zurück in die Hände unserer alten Klassen- und Standeserzeuger, sondern dann nehmen wir sie sofort in die Partei, in die Arbeitsfront, in die SA oder in die SS, in das NSKK und so weiter. Und wenn sie dort zwei Jahre oder anderthalb Jahre sind und noch nicht ganz Nationalsozialisten geworden sein sollten, dann kommen sie in den Arbeitsdienst und werden dort wieder sechs und sieben Monate geschliffen … Und was dann nach sechs oder sieben Monaten noch an Klassenbewußtsein oder Standesdünkel da oder da noch vorhanden sein sollte, das übernimmt dann die Wehrmacht zur weiteren Behandlung auf zwei Jahre, und wenn sie dann nach zwei, drei oder vier Jahren zurückkehren, dann nehmen wir sie … sofort wieder in die SA, SS und so weiter, und sie werden nicht mehr frei ihr ganzes Leben.«

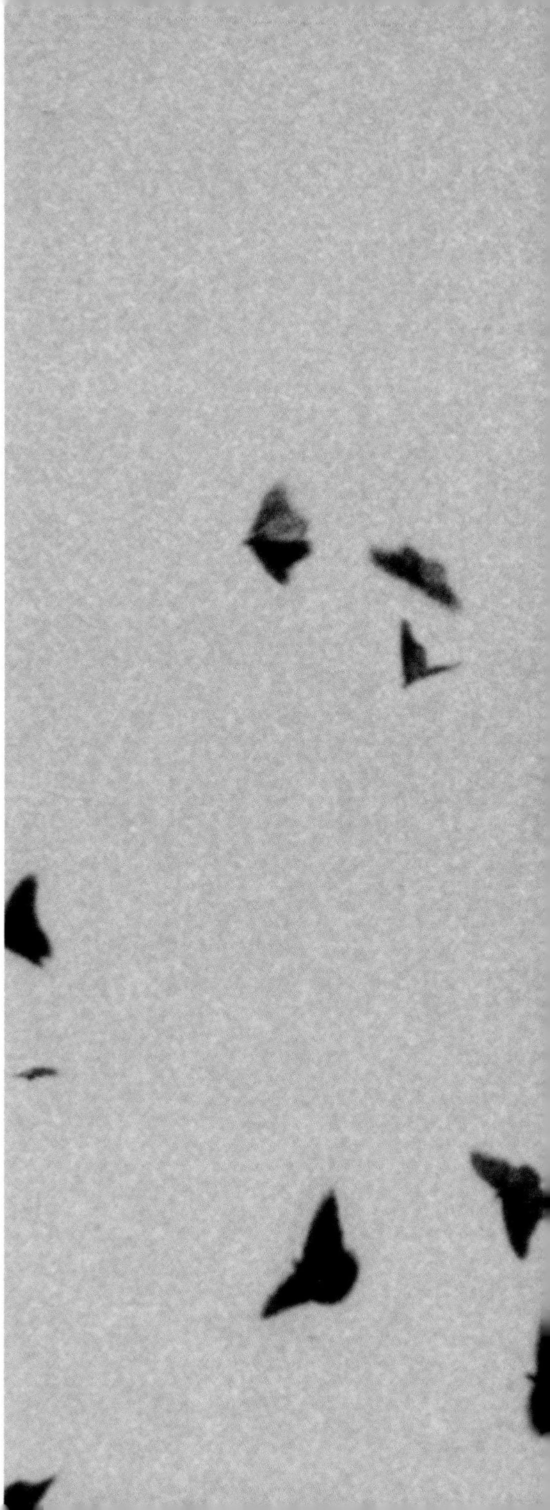

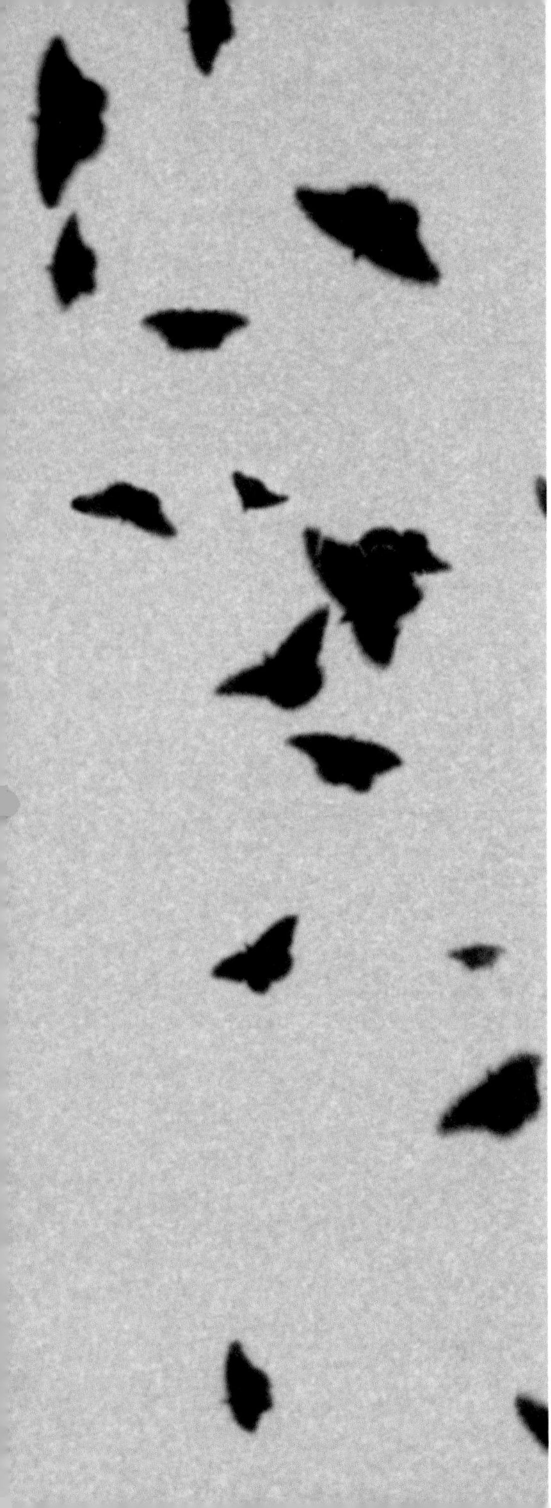

another two years, and when they come back after two, three or four years, then we take them... immediately again in the SA, SS and so on, and they will never again be free in their whole lives."

This coercion that Hitler so valued rhetorically, was, to a great extent, not rejected by the afflicted. To the contrary, it was greeted with enthusiasm by a large part of the population. This dictator was popular. Why? What did this totalitarian organization, in this case the HY, have to offer?

If one looks at the handbook of the HY, "Hitler Youth in Service", it is striking how little value is placed on propaganda in the narrowest sense. A few pages about the history of the HY under the title "The HY – its struggle and its path" should suffice here to connect the pithy words of the enormous success with the barren historical facts. Several hundred pages filled with sport, games, and stadium exercises then follow.
The focus is clearly on physical training and the preparation for military service – sport as military defense, as preparation for performance and self-sacrifice, loyalty as in loyalty to the Führer and blind obedience, as a cadaver blindly obeys. Considerably more important

Dieser Zwang, auf den Hitler rhetorisch so großen Wert legte, wurde größtenteils nicht etwa von den Betroffenen abgelehnt, sondern – im Gegenteil – von großen Teilen der Bevölkerung mit Begeisterung begrüßt. Diese Diktatur war populär. Warum? Was hatten diese totalitären Organisationen, hier: die HJ, zu bieten?

Betrachtet man sich das Handbuch der HJ – »HJ im Dienst« –, so fällt auf, wie wenig Wert auf Propaganda im engeren Sinne gelegt wurde. Ein paar Seiten zur Geschichte der HJ unter der Überschrift »Die HJ – ihr Kampf und ihr Weg« sollten hier genügen, in markigen Worten die großartigen Erfolge mit den dürren historischen Daten zu verbinden. Es folgen sodann mehrere hundert Seiten mit Sport-, Spiel- und Geländeübungen. Die körperliche Ertüchtigung und die Vorbereitung auf den Militärdienst stehen eindeutig im Mittelpunkt, Sport als Wehrsport, Leistungsbereitschaft als Opferbereitschaft, Treue als Treue zum Führer und der blinde Gehorsam als Kadavergehorsam. Erheblich wichtiger als die wechselnden Versatzstücke der Ideologie und deren Konsistenz war offenkundig die Praxis. Die Schriften der HJ waren nie sonderlich erfolgreich, noch nicht einmal unter den eigenen Anhängern,

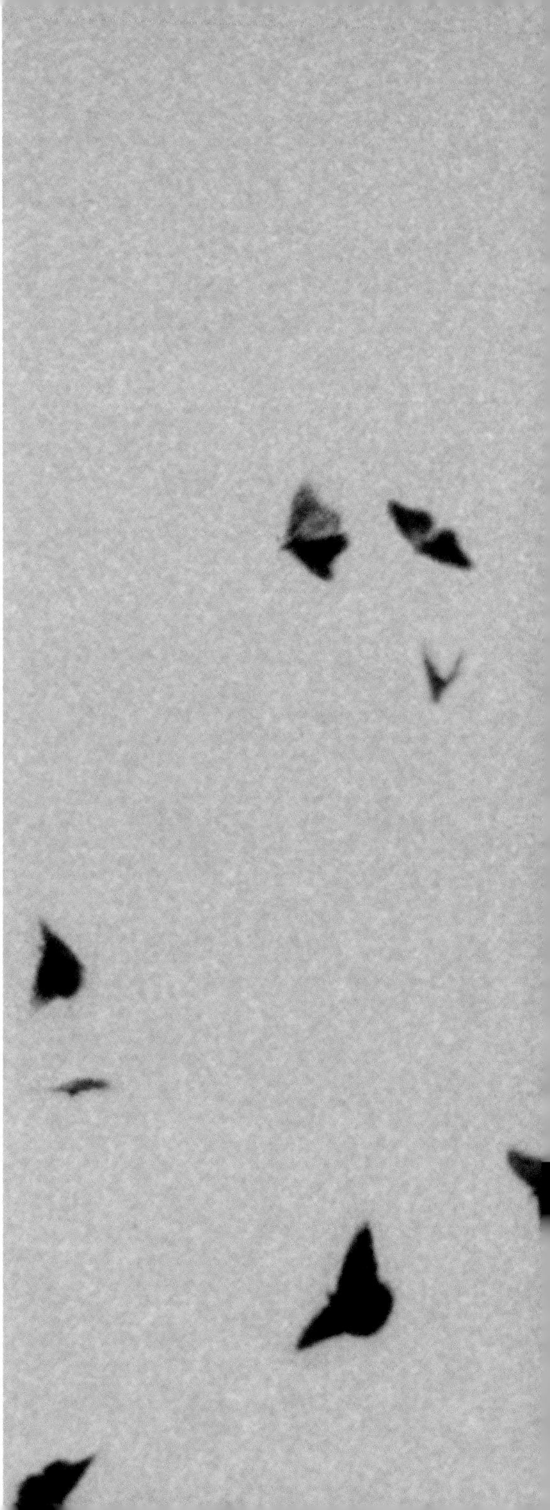

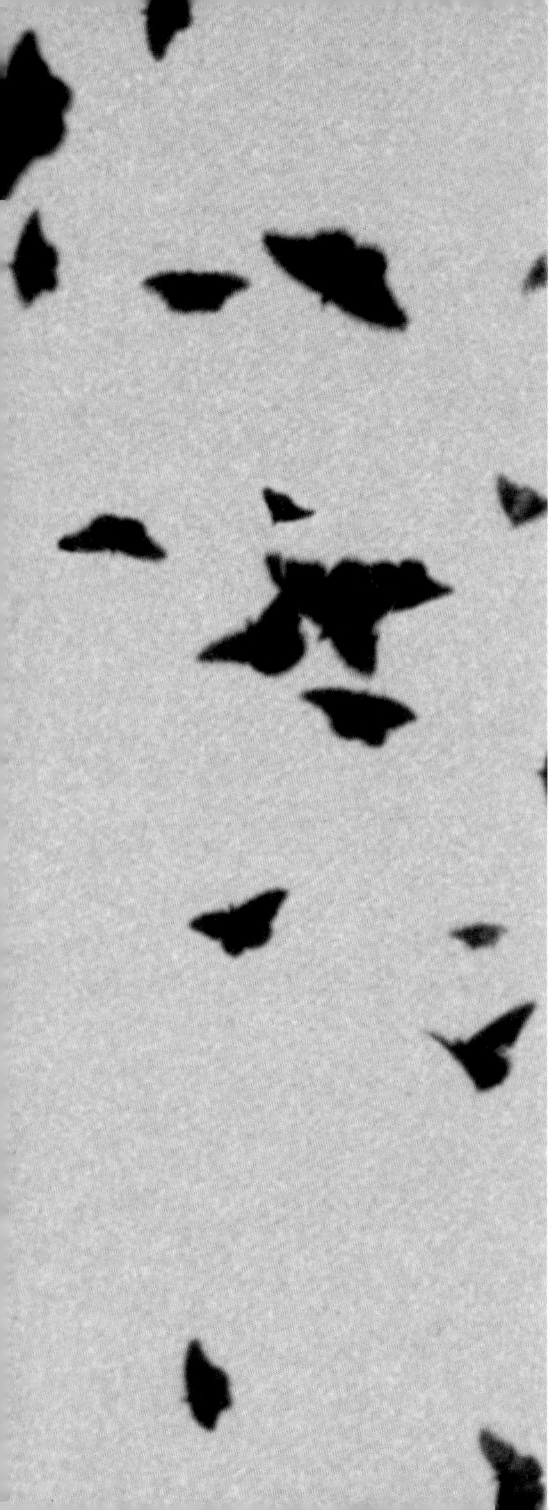

than the changing components of the well-known ideology was the practice. The publications of the HY were never particularly successful, even amongst its own followers. But the activities were another story, consisting mainly of such paramilitary leisure-time organized events as mass marches in front of the "heads of government, party, and economy" (as they liked to refer to themselves over and over), celebrations for deceased heroes that were to prepare one for his own self-sacrifice later, and the so-called training evenings at which the National Socialist "Weltanschauung" was supposed to be imparted.

One of the greatest attractions of the Hitler Youth was what it offered young people: it enabled them to break out of tight family relationships, gave them the opportunity to travel at a time when mass tourism was still unknown, and allowed those that did not come from privileged households to take part in motor, water and flying sports. It even offered solutions for the specific problems of youth. The question as to who one is and what one would like to do was solved through the rank that one took on, and what one could become within the movement. Integration into another ordered group outside of the family die Praxis schon, und diese bestand hauptsächlich aus solchen paramilitärisch organisierten Freizeitbeschäftigungen, Massenaufmärschen vor den »Spitzen von Staat, Partei und Wirtschaft«, wie es immer wieder heißt, Feiern für tote Helden, die auf die später gebrauchte Selbstaufopferung vorbereiten sollten, und den sogenannten Schulungsabenden, in denen die »nationalsozialistische Weltanschauung« vermittelt werden sollte.

Ihre große Attraktion bezog die Hitlerjugend aber auch aus den Angeboten, die sie den Jugendlichen machte: So ermöglichte sie den Ausbruch aus der Enge familiärer Verhältnisse und gab Gelegenheit zu großen Fahrten in einer Zeit, die den Massentourismus noch nicht kannte. Hier war es möglich, z. B. am Motor-, See- und Flugsport teilzunehmen, ohne aus privilegierten Verhältnissen zu stammen. Aber auch jugendspezifische Probleme fanden hier eine Lösung. Die Frage, wer man ist und was man werden möchte, wurde gelöst durch den Rang, den man innerhalb der Bewegung einnahm und was man in ihr werden konnte. Die Eingliederung in eine andere Bezugsgruppe außerhalb der Familie ergab sich bei totaler Erfassung von selbst; die Möglichkeiten, sich zu bewähren, waren enorm:

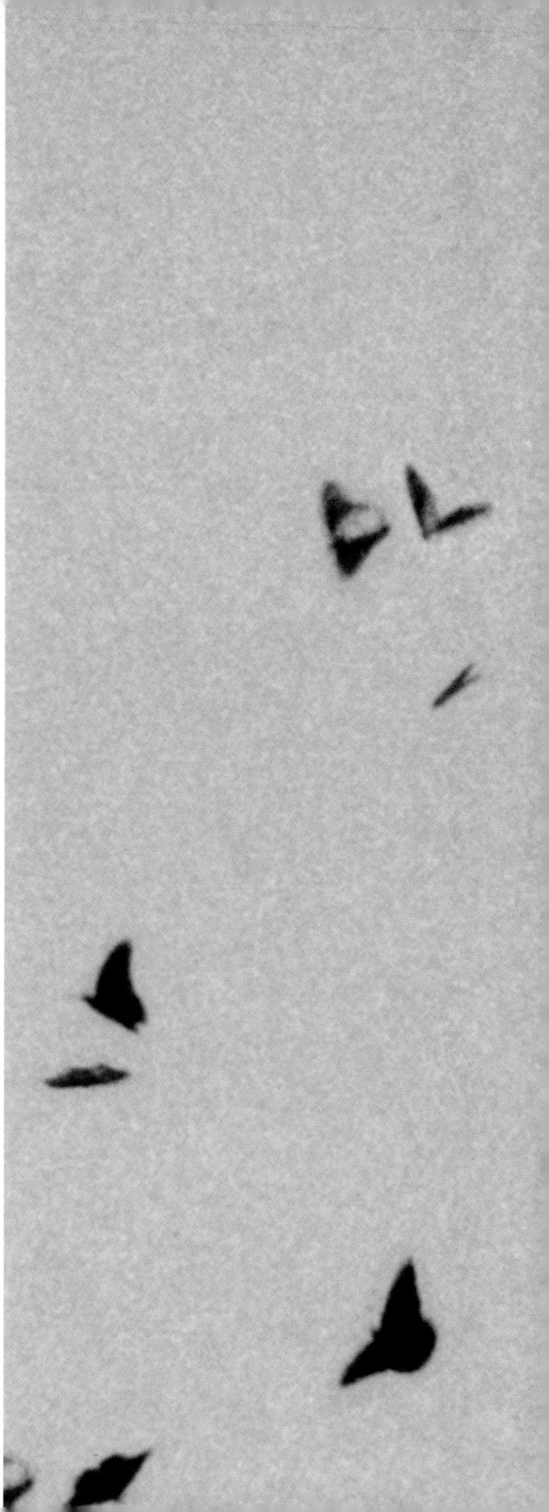

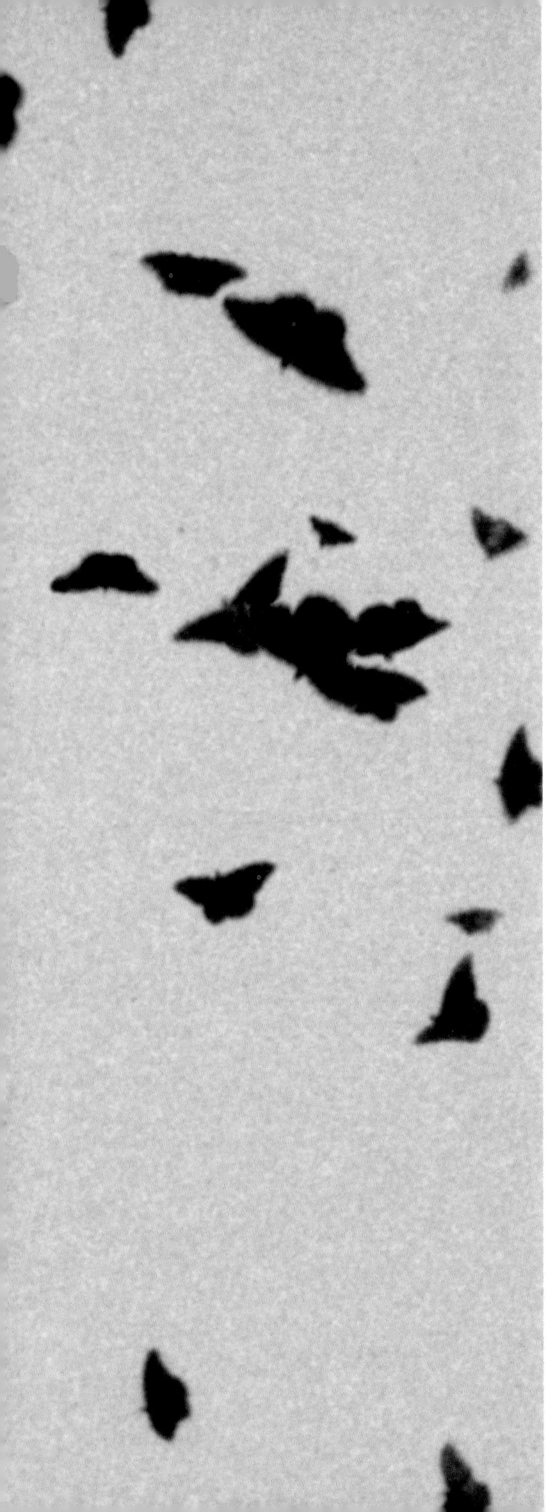

took care of itself automatically. The chance to prove oneself was great: at vocational competitions, sporting contests at which badges of distinctions were to be won, at camps, at stadium events, etc... Within the HY, the opportunities to take on self-responsibility and to make a career were tremendous. The manifest system of leadership with its numerous subdivisions gave many young people a great deal of responsibility as well as the respect of adults early on. Being that it wasn't at all possible to provide enough supervisors for all of these activities, the principle "Youth must be directed by youth" that came out of the youth movement found its application here.

If one couldn't find a possibility within the HY, one couldn't find one anywhere. There were no alternatives to paramilitary training. Whoever was considered to be an enemy of, or a stranger to the people had less and less room to lead a normal life. The "völkische" events determined school and free time, work-days and holidays, dominating public space absolutely and increasingly limiting private space to a minimum. For those youth excluded from the National Youth, the HY was one of the central organizations of discrimination,

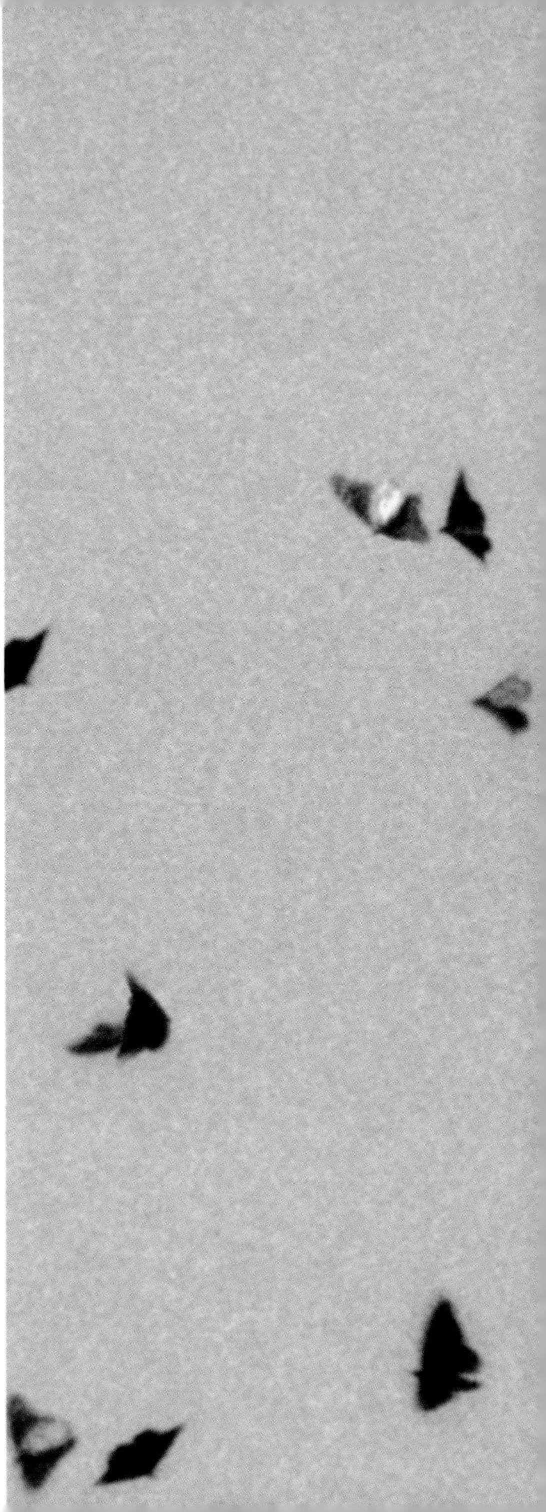

bei den Berufswettkämpfen, den zahlreichen Sportwettkämpfen, bei denen Leistungsabzeichen zu bekommen waren, bei den Lagern, bei den Geländespielen usw. Die Möglichkeiten, selbst Verantwortung übernehmen zu können, eine Karriere zu machen, waren innerhalb der HJ groß. Das ausgeprägte Führerwesen mit seinen zahlreichen Untergliederungen gab zahlreichen Jugendlichen schon früh viel Verantwortung und Ansehen auch bei Erwachsenen. Das aus der Jugendbewegung stammende Prinzip »Jugend muß von Jugend geführt werden« fand hier seine Anwendung allein schon deshalb, weil es gar nicht möglich gewesen wäre, genügend Hauptamtliche für all diese Aktivitäten bereitzustellen.

Wer aber bei der HJ keine Möglichkeiten fand, konnte gar keine mehr finden. Es gab keine Alternativen mehr zur paramilitärischen Leibesertüchtigung. Wer als Volksfeind oder als volksfremd galt, für den gab es immer weniger Raum für ein normales Leben. Die völkischen Veranstaltungen bestimmten Schule und Freizeit, Werktag und Feiertag, sie dominierten den öffentlichen Raum absolut und beschränkten den privaten nach und nach auf ein Minimum. Für die von der Staatsjugend ausgeschlossenen

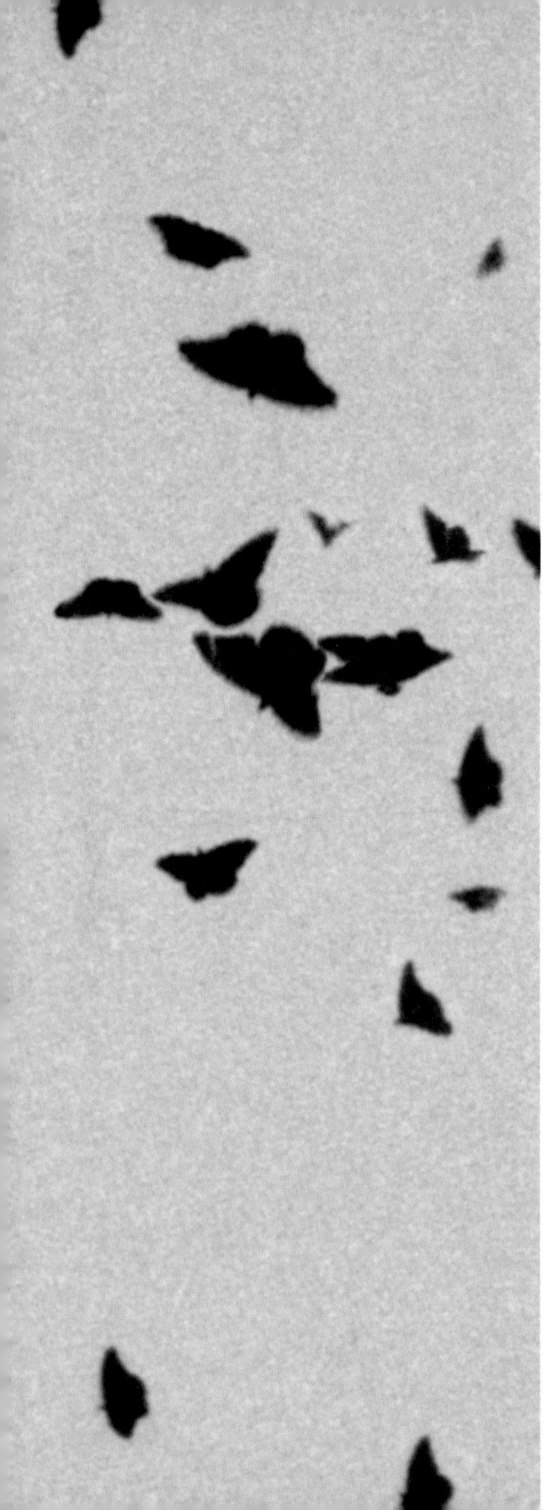

carrying out the daily repression of the "Volksgemeinschaft" and even participating in organized violence in some areas. For example, next to the SA, the organ that carried out the "Kristallnacht" pogrom in 1938 was the HY. It staged the "spontaneous" rage of the "Volk".

In the forties, the time of the annihilation camps, the prison guards at the concentration camps were almost exclusively recruited from those young men and women that had been through an almost complete socialization and selection as National Youth. The honorary code of the National Youth prepared one for the honorary code of the guards – "Sympathy is a Weakness", and "Loyality is Our Honor" were the leading words of the SS. The National Youth were well prepared for self-sacrifice and fanaticism and, above all, the unscrupulous victimization of others. The SS were considered the elite of the movement, the watch guards the elite of the SS. What began as a totalitarian leisure-time organization with a mixture of outdated behavior and modern sporting events ended as having the mass extermination of humans as its objective. The army that perpetrated monstrous crimes and broke all standards of civilization especially in eastern Europe

Jugendlichen war die HJ eine der zentralen Organisationen der Diskriminierung, sie vollzog die alltäglichen Repressionen der »Volksgemeinschaft«, in manchen Bereichen wurde sie sogar an organisierten Gewalttätigkeiten beteiligt. So war die HJ z. B. bei der Reichspogromnacht 1938 neben der SA ausführendes Organ des zentral inszenierten »spontanen« Volkszorns.

Die Wachmannschaften der KZs schließlich rekrutierten sich in den vierziger Jahren, der Zeit der Vernichtungslager, erstmals aus jungen Männern und Frauen, die eine fast vollständige Sozialisation und Selektion als Staatsjugend durchgemacht haben. Der Ehrenkodex der Staatsjugend bereitete vor auf den Ehrenkodex der Wachmannschaften – »Mitleid ist Schwäche«, und »Unsere Ehre heißt Treue« waren zentrale Leitworte der SS. Die Staatsjugend war gut vorbereitet auf Opferbereitschaft und Fanatismus – und vor allem auf die Bereitschaft, andere ohne Skrupel zu opfern. Die SS galt als Elite der Bewegung, die Wachmannschaften als Elite der SS. Was als totalitäre Freizeitorganisation mit einer Mischung aus archaischen Aufführungen und modernen Sportveranstaltungen begann, hatte sein Ziel in der fabrikmäßigen Vernichtung von Menschen.

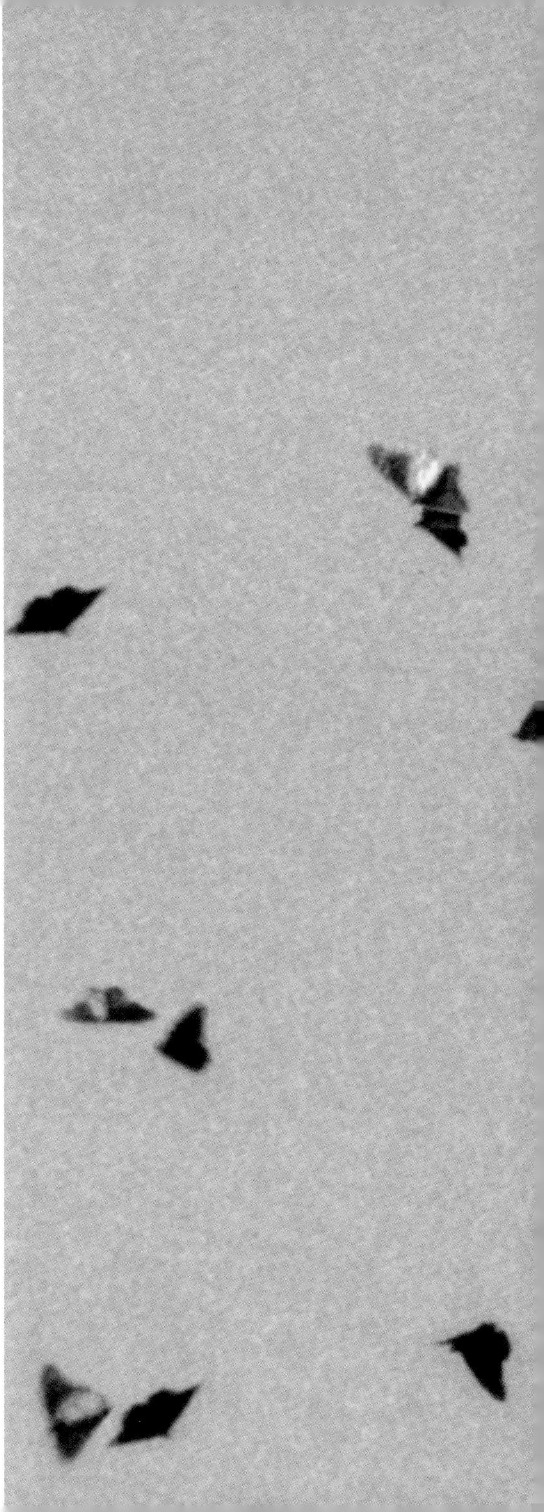

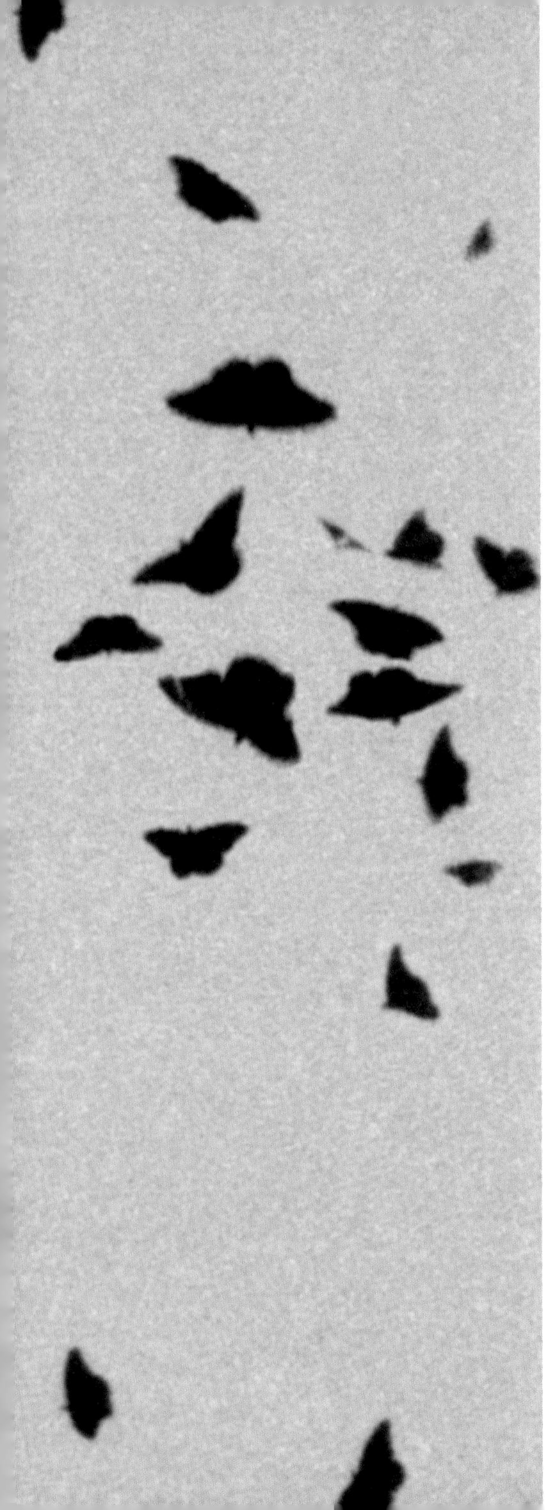

and the concentration camps guards had been well-trained for their work. The Hitler Youth can take most of the credit for this.

Frank Hermenau

Die Armee, die vor allem im Osten ungeheure Verbrechen verübte und mit allen zivilisatorischen Standards brach, und die Wachmannschaften der KZs waren für ihre Aufgaben gut präpariert, nicht zuletzt durch die Hitlerjugend.

Frank Hermenau

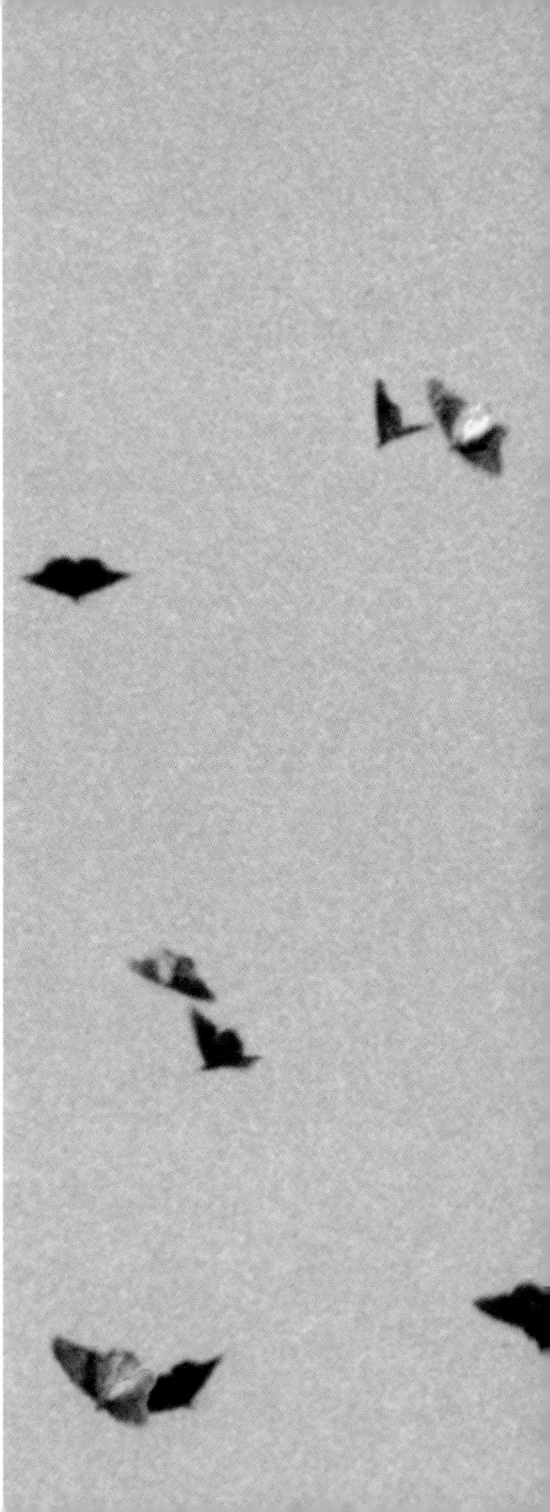

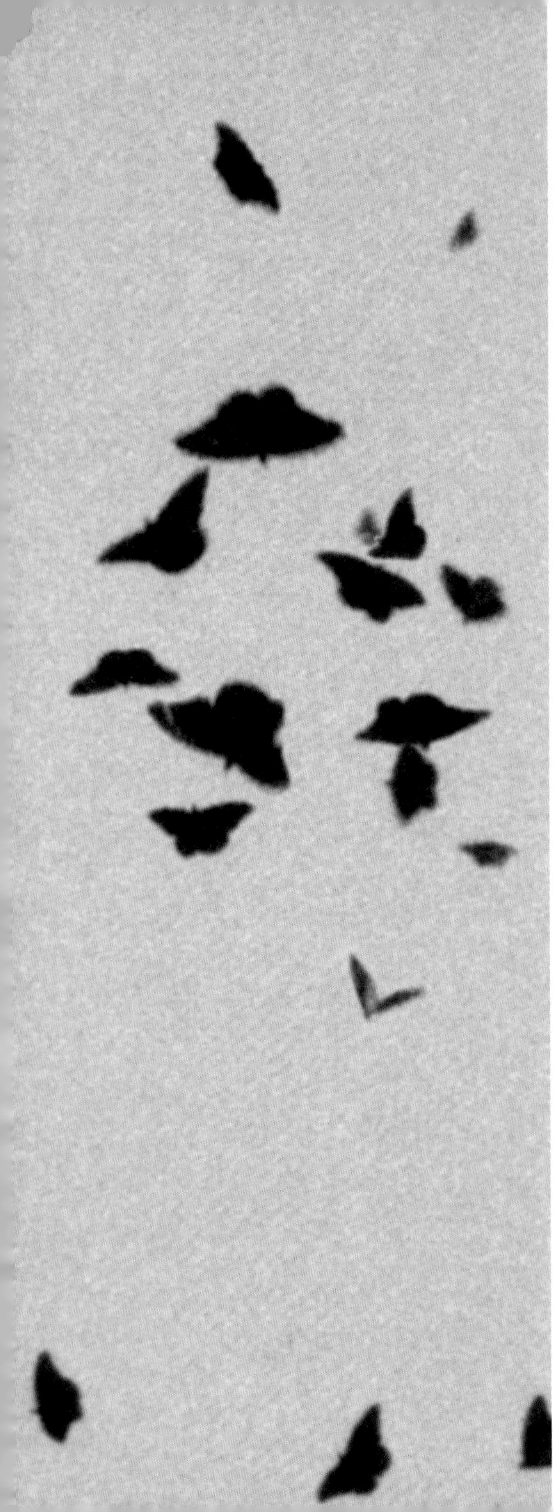

ILLUSTRATIONS

Cover
Christoph Rihs: "ERRATA", Haus Stadt Weimar; 6 slide-projectors project a repeating series of 80 slides on the facade of Haus Stadt Weimar, which is currently being renovated.

Page 8
"Reserve Lazarett IV, 'Armbrust' Weimar", post-card, 1915, Collection Stadtmuseum Weimar.

Page 12
"The Clubhouse of the Crossbow Archery Club in Weimar", by Ed. Lobe, Collection Stadtmuseum Weimar.

Page 20
Haus Stadt Weimar in the Schützengasse in the direction of the Steubenstrasse, Photography Collection Rösner, Stadtarchiv Weimar.

Page 24
Haus Stadt Weimar in the Schützengasse in the direction of the Schillerstrasse, Photography Collection Rösner, Stadtarchiv Weimar.

Page 30/31
Historic Photograph of the Plate mounted on Haus Stadt Weimar with the following inscription: "On the Occasion of the National Socialist German Labor Party Rally on July 4, 1926", the Youth of Greater Germany was named in this House after the Führer "Hitler Youth". Published in: "Weimar. Cultural Manifestation of the European Youth. Weimar – Florence 1942", Weimar 1942.

Page 36
Schützengasse after the air raid in 1945, Photography Collection Rösner, Stadtarchiv Weimar.

I would especially like to thank the historians of Weimar, Buchenwald and Majdanek for their help and the use of the archive material!

ABBILDUNGEN

Umschlag
Christoph Rihs: »ERRATA«, Haus Stadt Weimar; 6 Diaprojektoren werfen im 1-Sekunden-Rhythmus eine sich wiederholende Serie von 80 Dias auf die Fassade des Haus Stadt Weimar, das zeitgleich renoviert wird.

Seite 8
»Res.-Lazarett IV, ›Armbrust‹ Weimar«, Postkarte, 1915, Sammlung Stadtmuseum Weimar.

Seite 12
»Das Armbrustschießhaus zu Weimar«, b. Ed. Lobe, Sammlung Stadtmuseum Weimar.

Seite 20
Haus Stadt Weimar in der Schützengasse in Richtung Steubenstrasse gesehen, Fotosammlung Rösner, Stadtarchiv Weimar.

Seite 24
Haus Stadt Weimar in der Schützengasse in Richtung Schillerstrasse gesehen, Fotosammlung Rösner, Stadtarchiv Weimar.

Seite 30/31
Abbildung der ehemals am Haus Stadt Weimar angebrachten Erinnerungstafel. In: »Weimar. Kulturkundgebung der europäischen Jugend. Weimar – Florenz 1942«, Weimar 1942.

Seite 36
Schützengasse nach dem Bombenangriff 1945, Fotosammlung Rösner, Stadtarchiv Weimar.

Ich bedanke mich insbesondere bei den Historikern von Weimar, Buchenwald und Majdanek für ihre Hilfe bei meiner Recherche!

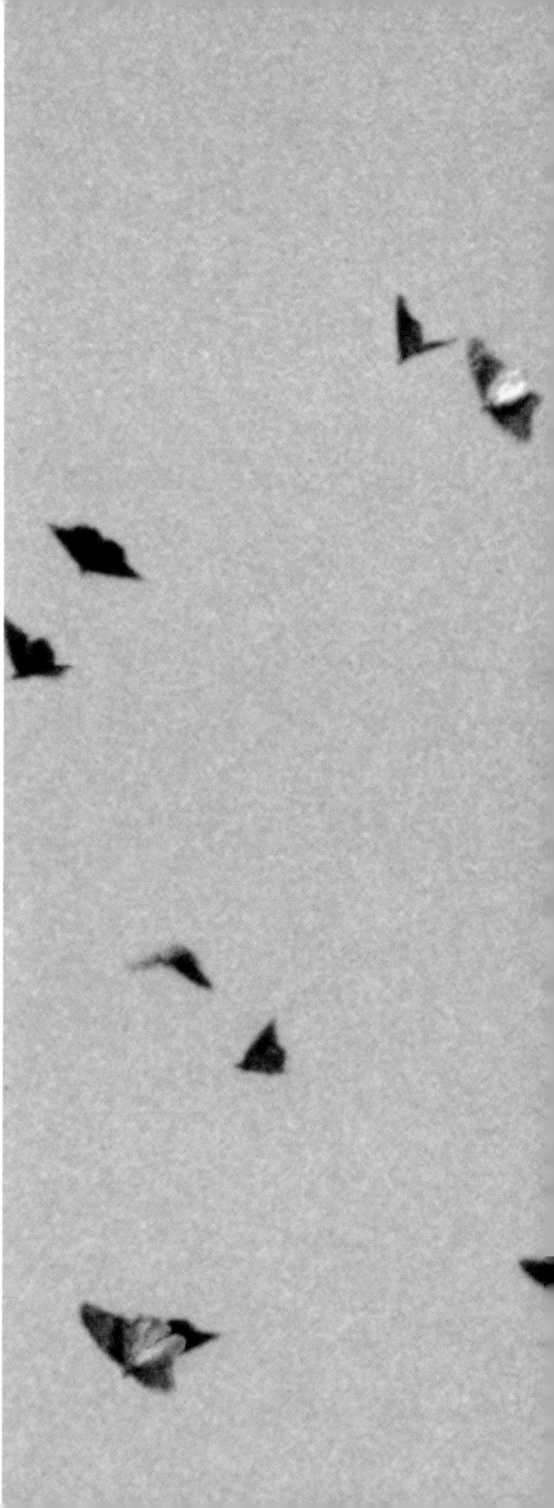

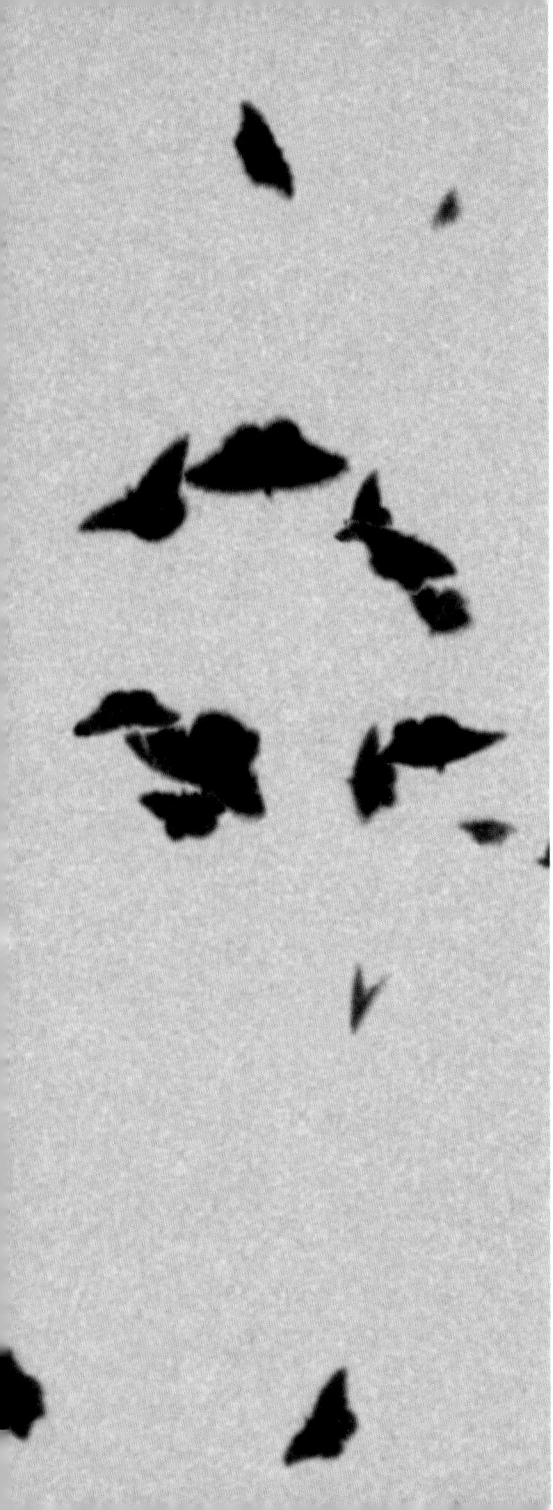

CHRISTOPH RIHS

Born in 1957 in Beirut, Lebanon
Grew up in Switzerland
Studied at the Kunstakademie Düsseldorf
Lives in Weimar and Düsseldorf

CHRISTOPH RIHS

Geboren in 1957 in Beirut, Libanon
Aufgewachsen in der Schweiz
Studierte an der Kunstakademie Düsseldorf
Lebt in Weimar und Düsseldorf

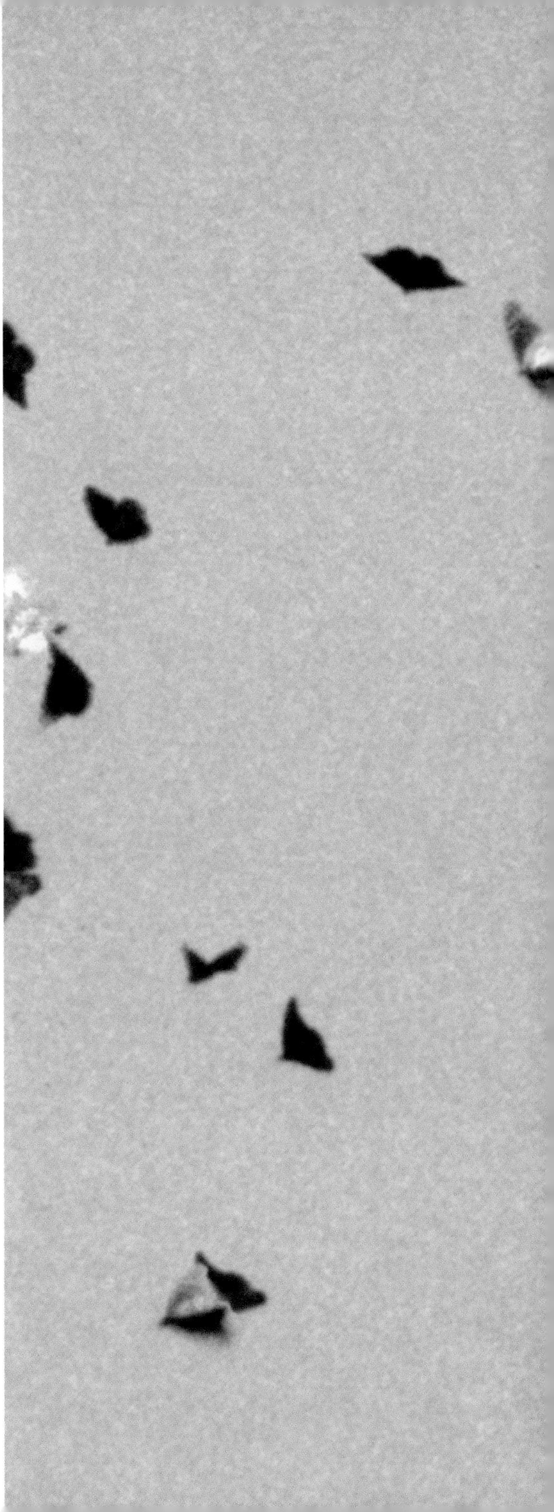

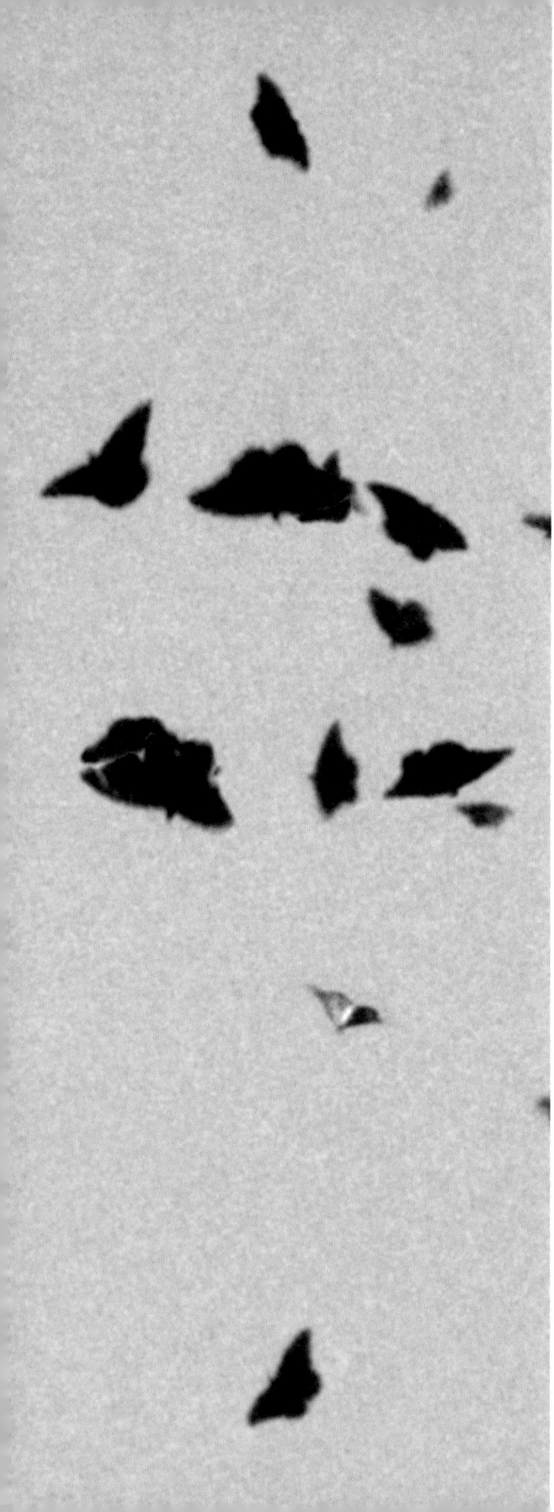

IMPRESSUM / *COLOPHON*

CHRISTOPH RIHS – ERRATATANZT!

Im Rahmen von / *A project for*
Licht auf Weimar – Die Ephemeren Medien
Light on Weimar – The Ephemeral Media

Eine Ausstellung der / An exhibition for

weimar 99 kulturstadt europas

Intendant und Generalbeauftragter / *Director*
Bernd Kauffmann

Kurator / *Curator*
Ulrich Krempel

Projektbetreuung / *Organisation*
Franka Günther, Marjatta Hölz
Kristina Kuhnhen (Technik)

Katalogkonzept / *Catalogue concept*
Christoph Rihs

Übersetzung / *Translation*
Mary Rosell-Hopkins, John Brogden

Gestaltung / *Design*
Christoph Rihs, Gabriele Sabolewski

Fotografie / *Photography*
Christoph Rihs
Stadtarchiv Weimar, Sammlung Roesner
Stadtmuseum Weimar
Publ: "Weimar. Kulturkundgebung der europäischen Jugend. Weimar – Florenz 1942", Weimar 1942.

Satz / *Typesetting*
Fotosatz Weyhing, Ostfildern bei Stuttgart

Reproduktion / *Reproduction*
C+S Repro, Filderstadt

Gesamtherstellung / *Printed by*
Dr. Cantz'sche Druckerei, Ostfildern bei Stuttgart

© 1999 Hatje Cantz Verlag, Christoph Rihs
und Autoren / *and authors*

© 1999 für die abgebildeten Werke
bei VG Bild-Kunst, Bonn

Erschienen im / *Published by*
Hatje Cantz Verlag
Senefelderstraße 12
D-73760 Ostfildern-Ruit
Tel. (0)711/4405-0
Fax (0)711/4405-220
Internet: www.hatjecantz.de

Distribution in the U.S.
D.A.P., Distributed Art Publishers, Inc.
155 Avenue of the Americas, Second Floor
New York, N.Y. 10013-1507
Tel. 001/212/6271999
Fax 001/212/6279484

ISBN 3-7757-9019-5

Printed in Germany

Mit freundlicher Unterstützung von /
With the kind support of

Hauptsponsoren / *Main sponsors:*
Deutsche Bahn AG
Sparkassen–Finanzgruppe
Volkswagen AG

Medienpartner / *Media partners*
3sat
kulturSPIEGEL
Welt am Sonntag

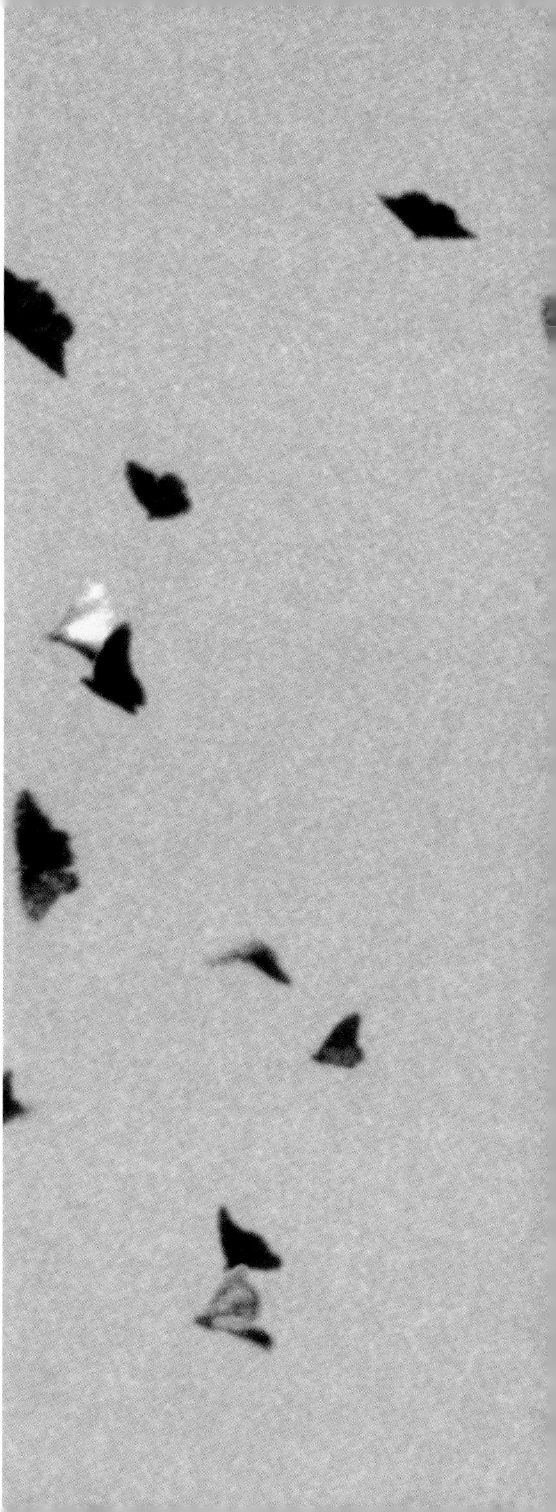

BISHER ERSCHIENEN / *ALREADY PUBLISHED*

Marina Abramović
Biography

Liz Bachhuber
Nesting Places

Stephan Balkenhol
Plätze/Orte/Situationen

Jonathan Borofsky
Dem Publikum gewidmet
Dedicated to the Audience

Hanne Darboven
Konstruiert, Literarisch, Musikalisch

Einszueins
Horst Antes, Joachim Sartorius

Eva & Adele
Nota – Licht auf Weimar

Jan Fabre im Gespräch mit Jan Hoet
und Hugo de Greef

Walter Fähndrich
Musik für Räume

FLATZ
Bodycheck – Physical Sculpture
No. 5

FLATZ
Physical Sculptures

Johannes Geccelli
Texte aus dem Atelier

Glück
Ein Symposium

Karl Otto Götz im Gespräch

Antony Gormley
Total Strangers

Dan Graham
Interviews

Mary Heilmann
Farbe und Lust – Color and Passion

Stephan von Huene
Tischtänzer

Illusion und Simulation
Begegnung mit der Realität

Kazuo Katase
Räume der Gegenwelt

Tadashi Kawamata
Field Work

On Kawara
June 9, 1991. "From Today" Series
(1955–...)

Mike Kelley/Thomas Kellein
Ein Gespräch/A Conversation

B
Gespräche mit
Martin Kippenberger

Martin Kippenberger
The Last Stop West

Königsmacher?
Zur Kunstkritik heute

Mischa Kuball
Sprach Platz Sprache

Kunst im Abseits?/Art in the Center
Zwei Gespräche mit Catherine David

Wolfgang Laib
Eine Reise

Bertrand Lavier
Argo

Louise Lawler
For Sale

Thomas Lehnerer
Ethik ins Werk

Bernhard Leitner
Geometrie der Töne

Markus Lüpertz
Deutsche Motive

Matthew McCaslin
Ausstellung – Exhibitions

Allan McCollum/Laurie Simmons
Actual Photos

Robin Minard
Nachklang

Bruce Nauman
Der wahre Künstler/The True Artist

Maurizio Nannucci
Hortus Botanicus

Roman Opalka
Anti-Sisyphos

Original
Symposium Salzburger
Kunstverein

Heribert C. Ottersbach
Erinnerte Bilder

Nam June Paik
Baroque Laser

Christos Papoulias
Hypertopos

Partenheimer
Architektur und Skulptur

Sigmar Polke
Schleifenbilder

Fritz Rahmann
U.A. Zwei Rösser

Igor Sacharow-Ross
Feuer und Fest – Fire and Festival

Bernard Schultze
Pictor Poeta

Susanna Taras
Beiwerk

Günter Umberg
Raum für Malerei

Lois Weinberger
Notizen aus dem Hortus

Lawrence Weiner, Ulrich Rückriem
öffentlich – public freehold

Ute Wrede
Mohn und Gedächtnis

Erwin Wurm
Expedition

Erwin Wurm
One Minute Sculptures

Johanes Zechner
Der Afrikanische Koffer

R E I H E   C A N T Z